高校体育教学创新与科学化训练研究

郗　鹏　孙俊涛　曹　旭◎著

吉林出版集团股份有限公司

全国百佳图书出版单位

图书在版编目（CIP）数据

高校体育教学创新与科学化训练研究 / 郗鹏, 孙俊涛, 曹旭著. -- 长春 : 吉林出版集团股份有限公司, 2023.7

ISBN 978-7-5731-4056-2

Ⅰ.①高… Ⅱ.①郗… ②孙… ③曹… Ⅲ.①体育教学—教学研究—高等学校②运动训练—教学研究—高等学校 Ⅳ.①G807.4②G808.1

中国国家版本馆CIP数据核字(2023)第164916号

高校体育教学创新与科学化训练研究

GAOXIAO TIYU JIAOXUE CHUANGXIN YU KEXUE HUA XUNLIAN YANJIU

著　者　郗　鹏　孙俊涛　曹　旭

出 版 人　吴　强

责任编辑　刘东禹

助理编辑　李　响

开　　本　787 mm × 1092 mm　1/16

印　　张　11.5

字　　数　215千字

版　　次　2023年7月第1版

印　　次　2023年11月第1次印刷

出　　版　吉林出版集团股份有限公司

发　　行　吉林音像出版社有限责任公司
　　　　　（吉林省长春市南关区福祉大路5788号）

电　　话　0431-81629679

印　　刷　吉林省信诚印刷有限公司

ISBN 978-7-5731-4056-2　　定　价　49.00元

前　言

　　近年来，随着高校体育教学改革的不断深入，高校体育教学理论的研究和探索日益活跃，这是高校体育教学理论研究和高校体育教学理论教材建设繁荣兴旺的景象，也是体育教育学科越来越走向科学化的象征。本书主要针对高校体育教学改革创新与科学化训练展开研究，旨在为高校体育教学改革创新发展与运动训练的科学化发展提供一定的理论参考，并做出一定的贡献。

　　全书总共六章节内容。第一章，高校体育教学概论，分析了高校体育教学的基本理论；第二章是高校体育教学的创新理念，是体育教学方法的大胆尝试；第三章，高校体育教学方法的设计与创新，主要针对高校体育教学方法创新的问题进行探讨；第四章，高校体育教学模式创新与实践，对于体育教学模式创新及具体实践问题分别进行了分析与研究；第五章，高校体育科学化运动训练探索，结合理论基础分析，探讨了科学化运动训练的基础要素；第六章，运动项目科学化训练，对于各类运动项目的科学化训练问题分别进行了分析、研究。全书内容涵盖较广，具有较强的实用价值。

　　本书在编写过程中，搜集、查阅和整理了大量文献资料，在此对学界前辈、同仁和所有为此书编写工作提供帮助的人员致以衷心的感谢。由于编者能力有限，编写时间较为仓促，书中难免有错漏之处，还请广大读者给予理解和不吝指教！

郗　鹏　孙俊涛　曹　旭

2023.3.1

目　录

第一章

高校体育教学概论

第一节　高校体育教学的概念

一、体育教学的概念

（一）教学的概念

教学的突出特征在于它是一种特殊的教育活动。广义上讲，教学就是指教的人指导学的人以一定文化为对象进行学习的活动，教的人不仅指教师，还包括各种有关的教育者；学的人不仅指学生，还包括各种有关的学习者。狭义上讲，我们所说的教学就是学校教学，是专指学校中教师引导学生一起进行的，以特定文化为对象的教与学相统一的活动。在范围上，教学是特指各级各类和各种形式学校中的教学，一般在家庭中和社会上不用"教学"而用"教育"。另外，教师在教学活动中的角色是组织引导者，而不是传统意义上的"主宰者"，这是当代的新观念。同时，教学既不是仅仅"教"，也不是仅仅"学"，而是教与学的统一，教融于学中，学有教的组织引导。

因此，教学就是在教育目的的规范下，教师的教与学生的学共同组成的一种教育活动。通过教学，学生在教师有计划、有步骤地引导下，掌握系统的科学文化知识和技能，发展智力、体力，陶冶品德、美感，形成全面发展的个性。

（二）教与学的关系

教与学作为两个不同的动词和动作（即过程），作为两个不同的名词和与此有关的人的行为（即活动），这两者是单独的、双边的，也是共同的、统一的。

教与学是两种活动、两种过程。教是教师的行为和动作。教的意义一般是指"讲授""教授""传授"，是一种较古老的教，还可指教学，是把教作为一种职业，教授学生的职业，没有把教和学分开。

学是学生的行为和动作。学的意义是学习、模仿、掌握等。在教学活动中，教师、学生、教材以及教学环境等因素之间相互作用与联系，构成了一系列错综复杂的教学关系，其中教与学的关系是教学活动中最根本的关系。在教学中，首先要抓住这一根本关系，去研究教学的问题，揭示教学的规律。

教与学是两类不同的活动，这两种活动是单独的，分别由教师和学生进行。原则上是可以独立存在的，但实际上是分不开的。不能只强调"教师中心论"，也不能只看重"学生中心论"。

一方面，只教是不行的。因为教学需要对象，没有对象的教学是无意义的教，不可取。教学的形式大多是指课堂的教学，有意识的教，有意识的学；有教材的教，有教材的学；有计划的教，有计划的学。这是基本原则。这样，教学就是教师教、学生学，是双边活动。在某种意义上，也是共同的活动，就是大家在课堂上，为了一个共同的目标——学生的学习。在过去相当长的时间里，我们非常注重教师的传授，认为教师是全能，什么都知道，教材是规范，需要背得滚瓜烂熟，学生把教师传授的知识学到就行了，课堂上是教师教、学生学。但是，人们发现不管有多少不同的教师，用多少不同的教法，总有一些学生学得不错，也总有那么几个学生是班级最后几名。人们还发现，一个教师使用一种方法，使用同一本教材，有的学生一段时间内学得很好，而另一段时间效果却恰恰相反。这说明，学生的重要性、学习的重要性、教授的辅助性和其他因素都会影响学习的效果。片面地只强调学也是不科学的。"学生中心论"把"教室"变成了"学室"，把"教材"变成了"学本"等。总之，要把以教师为中心，变成以学生为中心。这种观念认为，教师的主导作用和学生的主体作用是教学的一般原则。这无疑是一大进步：第一，认识到学生在教学中的作用；第二，认识到教与学不能互相代替，即不会以讲代学，以学代讲，以讲代练。如果说"教师中心论"认为教授等于学习，"学生中心论"认为学习等于教授，那么"双主"的观点便是教授加学习。从角色和作用上讲，我们将教师的角色与作用统一为"助学者"。既然教师的角色和作用是"助学者"，不是教师唱主角，为什么还要由教师"主导"呢？"主导"的作用实际上还是传统教法中的指导作用。如果把教师的角色从主要的指导者转变成主要的助学者，起到"帮助学生学"，"创造条件让学生学"的作用，教与学的统一就好解决了，两个主角即教师和学生都为学生的学习而奋斗，目标一致。这样，教师

"化难为易"的讲解是助学，传授知识也是助学。我们这里讲的"教学统一到学习上"并不是不要讲授，而是根据学习的目标和学生的需要选择性地讲，教师该讲的还必须讲。例如：学生不知道的信息，教师知晓在先，教师就必须讲授。教师作为指导者是必要的。

总之，教学就是教与学，不只是教，也不只是学，更不只是教加学，应该是教授和学习的统一体，是教师和学生的共同活动。这两种共同活动是建立在"教授主旨是促使学习的活动"和"教授的证据在于学习"的理论上。这既阐明了教与学的关系，又暗示了教与学的统一。

（三）体育教学

体育教学论研究的对象是体育教学。体育教学与其他各科教学一样具有共同性，都是一种有目的、有计划、有组织地对学生传授知识和技能，发展智力和体力，培养品德和形成个性的教育过程。但体育教学又有其特殊性，它是实现学校体育目的、任务的基本途径。今天，体育教学已不限于学校体育，它还兼及竞技运动和社会体育的教学，但学校体育的目的、任务主要是通过体育教学来实现的。因此，我们把体育教学定义为：在学校教育中，学生在教师有目的、有计划、有组织地指导下，积极主动地通过掌握知识和技能，增进身心健康，提高身体活动能力，对自然和社会环境的适应能力，培养良好的思想品德，促进个性发展的教育过程。

1. 体育教学的构成要素

从系统论的观点看，我们可以把体育教学过程当作一个整体系统来考察，即体育教学系统是一个多层次、多要素的复杂系统。所以，体育教学系统的要素即体育教学过程的要素。体育教学过程的每一个层次都包含着相同的要素，这些要素的整合就构成了完整、统一的教学过程。关于体育教学组成要素有三种不同的观点。

一是三要素说。该观点认为，体育教学系统是由体育教师、学生和体育教材三个基本要素构成的。二是四要素说。该观点认为，体育教学系统是由体育教师、学生、体育教学内容和体育教材手段（教学媒介）四个要素构成的。三是五要素说。该观点认为，体育教学系统是由体育教师、学生、体育教材、体育教学方法和教学物质条件这五个要素构成的。

从以上几种观点可以看出，无论是几要素说，有三个基本的要素是共同的，即体育教师、学生和体育教材。体育教学活动的主体是人，体育教学过程是教师与学生双边统一活动的过程，因此，体育教师和学生是体育教学必不可少的两个基本要素。除此之外，它们共同的作用对象是体育教材（教学内容）。在这一教学过程中，教师是通过教材这一媒介与学生发生作用的。据此我们认为，体育教学系统的构成要素主要是体育教师、学生和体育教材（教学内容）。这三要素之间是相互联系、相互依存和相互作用的。

学生作为正在成长、学习中的主体是有千差万别的。由于体育教学中学生身体直接参与，学生在体育活动中出现的差异更加明显与突出，更需要教师对学生的认识和了解。每一位学生无论是在体形、体能和身体功能，还是情感、气质、兴趣爱好以及个性等方面，由于遗传、家庭、学校和教育等原因，表现出明显的差异性。体育教师在体育教学中担负着培养下一代的使命。因此，无论从哪个角度讲，体育教师都是体育教学系统中起关键性作用的因素。体育教师的个性、能力、水平、事业心、责任感、体育教师与学生的关系以及教师在学生中的威信，都对体育教学的效果具有重要的影响。

体育教材指体育教师指导学生学习体育的一切教育材料，它是体育教学中师生相互作用的媒介，是体育教师要教，学生要学、练的对象。体育教材的选择与组织一方面要考虑社会发展的需要；另一方面，要考虑体育运动特点，要充分考虑学生对体育教材的理解、接受与喜爱的程度。体育教材的内容范围、难度等都直接影响着体育教学的成效，也直接影响着学生的身心发展。

2.体育教学的规律

（1）要遵循与学生身心发展水平相适应的规律。教育和教学必须与学生身心发展水平相适应，这是一条基本规律，体育课也必须遵循这条规律。体育课要促进学生的一般发展和特殊发展，这就要求体育课的目标要制订得适当，教学方法、手段等也要适当。要达到这点，就必须了解学生的现有发展水平，针对学生的"最近发展区"而制订目标，促进其不断发展。

（2）要遵循学生生理及心理指标起伏变化规律。在体育课的教学活动中，学生生理和心理方面都承受着不同强度和数量的负荷，引起生理和心理指标的一系列变化。由于在体育课的教学过程中，学生有各种不同的学习活动方式，如：听讲、观察、进行身体练习、帮助同伴以及休息等。这些方式的改变，对学生的身心有着不同程度的影响，于是学生的生理指标和心理指标的变化便容易呈现出波浪形起伏。这种高低起伏的变化是体育课教学所特有的，是客观存在的。体育课的进行要遵循这个规律，保持合理的生理、心理起伏变化的节奏。

（3）要遵循感知、思维与实践相结合的规律。体育课上学生大部分时间是在从事身体练习，耳、眼等感官直接感知动作，大脑积极思考如何行动，机体去协调做动作。其中，直接感知是基础，思维是核心，实践是归宿。这三个环节是紧密结合的，缺少哪一个都会影响体育课教学的效果。因此，这也是体育课必须遵循的规律。

（4）要遵循掌握体育知识、技能呈螺旋式上升的规律。体育课教学要向学生传授有关的知识、技能等。一种知识和技能掌握以后，如果不及时强化，就会遗忘或消退。在前面传授的知识、技能出现衰退现象，后面的体育课应该改变这种现象，使前面学习的知识、技能及时得到巩固、完善和提高。所以，学生掌握体育知识、技能呈螺旋式上升的规律，也是体育课教学应遵循的一条规律。

二、高校体育教学的目的

（一）与体育教学目的相关的术语之间的关系

体育教育领域中，与体育教学目的相关的术语较多，如：体育教学目的、体育教学任务等，因而很容易让人们混淆。那么，"体育教学目的"与相近的"体育教学目标""体育教学任务"之间是什么样的关系呢？

1. 体育教学目标、目的、任务的含义

（1）体育教学的目标，则是努力的方向和预期的成果，是"要在各个阶段达成什么和最后达到什么"的意思。由此可知，体育教学的目标是人们为达到体育教学的某个目的在行动过程中设立的各个阶段的预期成果以及最后的预期成果。

（2）体育教学的目的就是人们设立体育学科和实施体育教学的行为意图与初衷。它是以运动和身体练习为基本手段，体育教学目的也是贯穿整个体育教学的指导思想，是对体育教学提出的概括性和总体性的要求，它把握着体育教学进展的方向。

（3）体育教学的任务，是受委派担负的工作或责任，是"要做什么"的意思。由此可知，体育教学任务是为了完成体育教学目的、实现体育教学目标所应该做和必须做的工作。

2. 体育教学目标、目的、任务间的关系

（1）各个阶段的体育教学目标的总和就是最终的体育教学目标。

（2）最终的体育教学目标（最终成果）是实现了体育教学目的（意图）的标志。

（3）体育教学任务是为实现体育教学目的和体育教学目标所应该做的实际工作和责任。

如：体育教学的一个目的（意图）是让学生掌握篮球技能从而增强终身体育的能力，那么篮球教学总目标（总效果）就是学会主要的篮球技术和有关知识（学会主要的篮球技术和有关知识是掌握篮球技能的标志），篮球教学的分目标（各个教学课的分效果）则是掌握篮球的最基本的技术、学会运用战术、学习有关规则和相关链接、学会欣赏篮球，等等，而各个篮球课的教学任务就是让学生逐步地学好那些基本的篮球技术，掌握基本的战术和运用方法，学习篮球的规则和相关链接，学会理性地观赏篮球竞赛。由此可以看出，体育教学目标是一个上承体育教学目的，下启体育教学任务的中间环节，因此是体育教学中既具有定向、定位功能，又具有定标、定量功能的重要方向因素。体育教学目标是我们搞好体育教学工作必须认真研究的教学因素，这也是近年来体育教学目标在体育教学改革中备受关注的重要原因之一。

3. 教学目标与教学目的

人们往往把体育教学目的和体育教学目标混淆。在现代汉语中，"目的"的意思是"想要达到的境地或想要得到的结果"。从这一意义上，我们把"教学目的"理解为教学活动预期要达到的结果，它规定着教学活动的方向和标准要求。由于在汉语词汇中"目的"和"目标"并没有质的差别，因此，我们往往将教学目的和教学目标理解成同一种意思。

其实二者既有密切联系，又有明显区别。体育教学目标是体育教学目的的具体化，与体育教学目的在方向、性质上是一致的，都是教学活动所要预期达到的结果。其区别：第一，体育教学目的与体育教学目标是一般与特殊的关系，体育教学目的是对体育教学活动的总要求，对体育教学活动具有普遍的指导意义，而体育教学目标则是对体育教学的具体要求，只对特定阶段、特定范围内的教学活动有指导规范作用，如：某一课时、某一单元的教学活动；第二，体育教学目的具有稳定性，而体育教学目标具有一定的灵活性。体育教学目的体现了社会的意志和客观要求，特别是体育教学目的是以指令性形式表现出来，而体育教学目标则较多地体现了体育教学活动的主体要求，有一定的自主性，体育教师可以根据教学的具体情况予以制订、调整，其有一定的灵活性。

体育教学目标对整个体育教学活动起着统贯全局的作用。教学目标反映教育思想，也反映对教学规律、教学过程等客观性教学要求的看法。教学目标一经确定，便对其他主观性教学要求发生影响，即影响到教学内容、教学计划、教学方法、教学原则及其他各种教学行为。当然，人们从教学行为中获得的经验与体验又反过来使自己对教学目标进行再思考，或进一步加深对教学目标的理解，或对教学目标做出某种程度的调整。

教学目标具有两个特征：一是可行性，说明目标的内容，即说明做什么和如何做（知识、方法等）；二是预期性，用特定的术语描述教学后学生应该能做以前所不能做的事情，即教学后所要达到的结果的详细规格。

4. 教学目标与教学任务

体育教学任务是为了完成体育教学目的、实现体育教学目标所应该做的而且是必须做的工作。教学目标与教学任务虽然是同一个范畴，但又有区别。第一，教学任务是以教师为主体的，教学目标则是在一定教学时间内各种教学活动行为要达到的标准和境界。它是以教师为主导、以学生为主体的。第二，教学任务是比较笼统的，分不出阶段和层次。教学目标的描述由于采取了具体的行为动词，因而对教学过程的阶段、深度和层次有明显的限定。第三，教学任务是教师对教学的期望，若缺乏量和质的规定性，则观察和测量都难以进行，其结果难以评价。教学目标则将教学任务具体化和量化，可观察、测量，或作为评价的依据。第四，教学任务一般为教师所掌握。师生都要明确和掌握教学目标。学生可以根据教学目标进行自我学习和自我检测，这有利于提高学生学习的主动性和兴趣。

（二）制订体育教学目的的依据

1. 对学生的研究

教育是一种改变人行为方式的过程。这个"行为"是从广义上说的，它既包括外显的行动，又包括思维和感情。从这个角度去认识体育教育时，体育课程的目的就是体育教育寻求学生发生各种行为变化的依据。要使体育教育达到预定的目标，就必须对学生进行各方面的研究。

（1）学生身心发展的规律。体育课程的主体是学生，体育教育的工作要求、内容选择、安排和组织形式，以及教育、教学、训练方法手段等，都要以学生身心发展的规律为条件。学生心理发展的主要特点，主要包括学生的认知发展、情感和意志发展、个性发展三个方面；生理的主要特点包括身体的形态发育、机能发育和素质发展三个方面。不同年龄的学生，其身心发展的特点是不一样的。体育教育工作必须按照学生身心发展的特点来进行，才可能有针对性，这样才能达到预先设定的"目的"。因此，学生身心的发展规律是确定体育课程目标的生理和心理依据，它反映学生身心发展的客观规律和作为体育课程主体的客观需要。只有充分认识学生身心发展的特点，并由此确定起来的体育课程目标才是科学的，才能指导实践，实现体育课程目标。

（2）学生全面发展的需要。"教学与发展的问题是教育学的核心问题之一，它同教育科学的一系列其他重大问题都有这样或那样的联系"。客观真理和科学是现代课程的支柱和核心，提倡对人的主体与人生目标的哲学探讨，将会把课程研究提升到一个新的境界。因而，人的生命和发展都应该是课程研究的出发点，任何知识内容的安排都应以人的发展为依据、准绳。"发展"主要是指人的发展。关于人的发展问题历来是哲学、心理学、社会学、人类学和教育学等众多学科关注的重要课题。教育学把人的发展看作个体的人的天赋特性和后天获得的一切量变和质变的复杂过程，即由一个生物性的个体变成一个具有无限创造能力的社会成员，其中包括身体、智力、品德、审美和劳动技能等的形成和发展。

2. 对社会的研究

对社会的研究，主要是研究社会的需要，是指社会经济、政治、科学文化、生产力的发展水平对体育课程提出的要求。它集中体现在社会培养人的质量规格的要求上。当今社会是科技和人才的竞争，归根到底是教育的竞争。我国体育课程要根据新形势下对人才的要求，结合我国体育教育的实际情况，制订出科学合理的体育课程目标。

教育是个人发展和社会生活水平提高的手段，就其本质而言，它是实现人类文化传承的最主要手段。而体育教育是体育文化传承的主要手段，体育教育的核心就是体育课程。体育课程的文化传承功能主要体现在：首先，体育本身就是一个文化现象，学习体育就是接受体育文化熏陶。体育作为一种国际社会文化现象由来已久，现代体育的产生和发展与近代文化发展史息息相关。历史表明，现代体育的兴起是文明社会的标志，它是19世纪发展起来的，它又对文明社会的进步起着多方面的促进作用。通过体育课程，就能够接触并认识一定的社会文化。其次，体育课程是体育文化传承的媒介，学习体育就为传承体育文化提供了捷径。学习体育能为学习者打开认识体育文化的大门。最后，体育课程本身的功能特点，有利于体育文化的传承。现代体育课程的结构丰富了体育文化传承途径的选择，体育的显露课程、隐蔽课程、社会课程对体育文化的传承起到互为补充的作用。

当然，课程目标的确定，不能完全取决于对社会的研究，不能完全以社会对人才的要求作为课程目标的确定依据，而是以承认社会目前的需要为前提的。事实上，社会的需要本身也是在不断变化的。我们今天制订出的体育课程目标，其结果将在20年后才能呈现出来。虽然我们无法断定在20年后社会需要怎样的人才，但社会的前进有个继承和发展的规律，在这个基础上我们可以做出一些预测，这样制订出来的体育课程目标才有前瞻性。

3. 对学科的研究

学校课程毕竟是要传递通过其他社会经验难以获得的知识，而学科是知识最主要的支柱。由于体育课程专家深谙课程的基本概念、逻辑结构、探究方式、发展趋势，以及学科的一般功能及其相关学科的联系，所以，体育课程专家的建议是该课程目标的主要依据之一。

体育课程本身的功能是制订课程目标的重要信息，是课程内部特性的反映，是课程实施过程中，学生所要获得的体育教育的结果。到目前为止，体育课程的功能是多元化的：健身功能、教育功能、启智功能、情感发展功能、群育功能、美育功能、娱乐功能和竞技功能等。这些功能让我们重新审视传统的、单一生物观的体育课程目标，要求我们以全方位、多角度来认识体育课程，形成生物的、教育的、心理的、社会的多维学校体育目标体系。由此可见，只有依据这些功能所确定的体育课程目标，才能充分发挥学校体育的作用，使目标的实现成为可能。

（三）体育教学目的的层次结构

体育课程的目的应该是什么呢？是促进学生的全面发展，还是"增强体质"或是"促进健康"，还是学会某项运动技术？从这些目的当中可以看出，它们之间并不是处在同一层次上的。此外，对同一层次的目的而言，还存在着不同领域和水平的区分。课程目的是有层次结构的，不同的层次结构发挥着不同的功能。

1. 课程目的的纵向层次

（1）课程的总体目的——教育目的。所有课程的共同目的，即课程的总体目的。对课程的总体目的的规定，反映社会对合格成员的基本要求，与该社会成员根本的价值观一致。从整体角度来看，教育目的只能是总体性的、高度概括性的，而不可能是具体的、菜单式的。就课程编制而言，总体目的具有导向性，渗透在课程编制的各个方面，可运用于所有的课程实践。例如：在考虑课程的宏观结构时，必须服从教育目的的根本方向。在决定课程的具体内容时，必须与教育目的的要求相符合。例如：义务教育阶段各门课程的设置，必须满足学生全面发展的要求；各门课程所选择和涉及的内容，必须满足学生全面教育目的的需要；等等。当人们从总体上考虑和判断具体课程的意义和价值、课程结构的科学性、课程内容的合理性时，经常是用教育目的作为根本依据的。

（2）课程的总体目的的具体化——培养目的。课程的总体目的——教育目的，是整个国家各级各类学校必须遵循的统一的质量要求。各级各类学校根据国家的教育目的和自己学校的性质、任务对培养对象提出特定的要求，这就是人们平时所讲的培养目的，如基础教育、高等教育、职业教育等培养目的。培养目的是总体目的在各个教育阶段或不同类型学校中具体化的体现，两者没有实质性的区别。尽管培养目的是教育目的的具体化，但仍然具有高度的概括性，如：通常用发展学生科学、文化、技术的基础知识和基本技能等表述方式，但并不涉及具体的学科领域，而只是对各个教育阶段和各级各类学校中的各种学科课程的编制提供相应的依据。同样，各个教育阶段和各级各类学校中体育课程也是根据培养目的而编制的。

（3）学科领域的课程目的。学科领域的课程目的实际上就是人们通常意义上所讲的课程目的。这一层次的目的适用于一定阶段的具体课程，我们所要研究的体育课程的目的就是属于这一层次的。这个层次上的目的比培养目的更为具体，可以说，是培养目的在特定课程领域的表现。学科领域的课程目的的确定，首先，要明确课程与上述教育目的、培养目的的衔接关系，以便确保这些要求在课程中得到体现。其次，要在对学生的特点、社会的需求、学科的发展等各个方面进行深入研究的基础上确定目的，才有可能确定行之有效的学科领域课程目的。学科领域的课程目的有助于澄清课程编制者的意图，使各门课程不仅注意到学科的逻辑体系，而且还要关注教师的教与学生的学，关注到课程内容与社会需求的关系。体育课程的目的实际上就是结合体育学科本身的特点、教育目的、学校的培养目的、学生的特点以及社会的需求而制订的。

（4）学科领域的课程目的的具体化——教学目的。尽管学科领域的课程目的有细化和可操作性的趋势，但仍然是总体性的或阶段性的一般目的；而作为短期的某一教学单元以至某一节体育课，又如何分析它的目的体系呢？这通常称为单元或课的教学目的。实际上，它们是学科领域的课程目的的进一步具体化。课程的教学目的又是单元教学目的的具体化，是最微观层次的课程目的。通常将这一层次的目的分析到操作化的程度，它往往将具体的情景联系在一起，对体现较抽象的课程目的的结果给予明确的界定，引导教学的展开。教学目的是一所学校在确定体育课程的实施方案并制订以单元为基础的全年教学计划以后，由任课教师制订的，它是教师制订单元计划和课时计划的依据。过去，我国较为重视的是课时计划，并把一堂课看作最基本的教学单位。在教学改革的新形势下，教学目的的构建主要是指单元目标，每一节具体的课实质上是在贯彻单元目标。更具体地讲，每节课不必另立课程的目标，而只要指出在实施单元目标过程中的关注点即可。

2. 课程目的的横向关系

课程目的的横向关系实质上反映了各种目的的区分以及相互关系。"目的领域"是指预期学生学习之后所发生变化的内容领域。在教育目的这一层次上，我国通常用德、智、体或德、智、体、美、劳来划分目的领域。在现行课程编制中，对目标领域与学习水平研究影响最大的是一些学者的教育目的分类学。根据这些学者的思想，完整的教育目的（课程目标）应当包括三个部分：认知领域、情感领域和动作技能领域，并且在每一个领域都进行了更为详细、由低到高的区分。上述所列举的各种课程标准中对领域目的及水平目的的设置都或多或少地折射出目的分类思想。这种目的分类方法是将课程目的具体化、操作化的一个有效途径。

三、高校体育教学的性质

（一）开展的媒介

高校体育教学具有身体练习和思维活动相结合的特点。以户外环境为主，强调的是使学生身体的时空感觉得到发展，还要实现机体的自我体验与操作等多种特征。此外，高校体育教学活动是一种需要教师与学生同时参与的双边活动。

对于动物而言，它们也存在身体的各种练习活动，例如：即便是动物经过了驯养，具有了相对高超的运动技术，但是，动物的运动行为和人的运动练习行为是非常不同的。动物只是拥有单纯的运动行为，而人的运动学习行为会包含两种内容，即身体的练习活动和大量的思维活动。

如果将体育教师与学生的双边活动理解为单纯的身体练习活动，那么就很容易形成体育学科地位较低的思想观念。在其他学科教学活动开展的过程中，教学的中介主要是知识和技能，但是对于体育学科而言，其身体练习活动并不是知识，也不是技能。这一词汇代表的是一个过程，所以，我们就需要借用其他学科的一个比较相似的词汇，笔者的观点是，相比身体练习，运动技术更加合适。

（二）运动技术的解读

关于运动技能，由于其是知识与技术的中间形态，因此，我们要从操作技能的概念，以及其形成的层面上出发来解析运动技能。

所谓的操作技能，主要是指一种合乎法则的，通过学习活动而形成的活动方式。一般来讲，操作技能所包含多个特征，而这些特征也是同其他事物本质相比存在差异的地方，我们常常称它为"概念的种差"。此种差同一些日常生活中的随意运动是存在一定不同的，并且此种差同其他的人体本能行为是有区别的，不同知识是存在差异性的，究其原因，主要是因为知识为活动的。而对于活动而言，技能则是存在控制执行的作用。

操作技能的重要分支之一就是运动技能。对于运动技能而言，其形成主要包含以下几个阶段，即认知动作的阶段、联系动作的阶段、完善动作的阶段。这里面认识动作的阶段同知识和技能之间存在着十分密切的联系，其最终目的在于对活动操作的要素、关系与结构等进行认识。运动技术可以认为是一种"知识"，这是由于知识是事务联系与事物属性的组织和信息。即便是在没有人掌握它的时候，运动技术就已经是客观存在的，这也是人类文化知识的重要组成部分之一，是前人积累下来的宝贵的运动文化遗产。

然而，如果将运动技术解读为知识，那么就会导致它同本来学科的知识与技能互相重复了，导致两个知识与技能的情况出现，很明显逻辑不通。所以，在表述的过程中，应该对另一个词汇进行使用，笔者认为，阐述时采用运动本体与动作的概念是很恰当的，也就是说，从动作概念的角度对动作技术进行了解，就能够解析为"运动操作知识"，例如：田径、体操、游泳等运动技术，如果能够学会、掌握这些运动技术，那么就能够促进运动技能的形成。从上述的分析中我们可以得知，在本质上，高校体育教学就是运动技术教学，再具体一点就是运动操作知识，当学会了运动操作知识，运动技能就得以形成。如果高校体育教学的户外环境因素能够有效利用，那么就会排除像羽毛球运动一样的大量体育运动项目的可能性。所以，在高校体育教学的本质特征中，户外环境为主的教学内容并不包含其中。

（三）体育教学与其他学科的差异

1. 运动知识传承的可操作性

体育运动知识指的是身体知识，这一点也是体育运动同其他学科相比，最为明显的差异之处。值得注意的是，这种身体知识是人类发展过程中特殊认识的一种，同时也是人们对自然外部知识的追求逐渐向人体内部知识进行转移的结果，更是一种面向人类本体与人类自我的挑战。

现阶段，教育界对于学生的主体性地位给予了肯定与重视，因此，这种对人类自我知识的再度学习，不仅仅对高校体育教学的特殊性进行了展示，同时还使得高校体育教学具有了传承知识的重要意义。可以想象的是，这类知识在未来肯定会受到人类的广泛认可、关注，并能够在人类身心健康的相关研究中被广泛应用。

2. 教师与学生身体活动的频繁性

在高校体育教学开展的过程中，教师对于运动项目的动作需要不断进行示范、指导与反馈，这主要是因为身体知识来源于身体的不断实践与操作，同时，对于学生而言，也需要身体的操作和体验，如果想要学习、掌握运动技能，就需要反复地进行身体的操作和演练。因此，在体育课堂教学开展的过程中，教师和学生身体活动会比较频繁，这一点也是体育课程教学同其他学科教学之间的不同之处，其他学科的课程教学只需要在室内开展就可以，只是需要相对保持安静，只有这样才能够使学生的思维得到激发，同时促进良好学习效果的确定。而高校体育教学的情况则不同，在高校体育教学实践活动开展的过程中，不仅有学生身体的活动，还有学生体验的欢快情绪，上述的都是体育课程教学的外部表现行为，只有自然与纯真，而不存在文化渲染。

3. 学生身心合一的统一性

从本质上来讲，体育就是自然改造人自身的过程，强调生理机能和形态结构统一的同时，还强调身心的和谐发展。在高校体育教学活动开展的过程中，不仅要对体育文化进行传承，还要促进学生的身体发育，同时，还要强化学生心理素质对社会的适应能力。高校体育教学开展过程中，营造了许多生动的情境，这一点也是其同智育教学间的差异之处，并为学生心理素质的发展与社会适应能力的提高创造了良好条件。

因此，高校体育教学过程同辩证唯物论的观点是相符的，讲究身心发展的统一性。身体发展是基础，而身体的发展支持了心理发展，同时，心理的发展还能够对身体的发展起到促进作用。高校体育教学开展过程中身心合一的统一性，主要会在三个方面体现出来。

（1）高校体育教学内容要注重对学生各种能力和素质的培养，注重心理与社会的适应性培养，符合社会学和心理学等方面的要求。

（2）体育教师的教学方法和教学组织必须要同学生的身心发展规律相符，在反复的动作与休息交替过程中，使学生的健身目的得以实现。练习活动与休息在一定的范围内，合理地交替进行，因此，学生的生理机能变化会以一条波浪式曲线呈现出来。

（3）体育课程教学同学生的年龄特征与心理特征也是相符的。学生的心理活动所呈现出来的曲线图像是高低起伏的，而这种生理、心理负荷的波浪式曲线变化规律，使高校体育教学鲜明的节奏性与身心统一性、和谐性得到展现。所以，体育教师在对各种教法与组织进行安排的过程中，应该充分考虑学生的心理特征，只有这样才能够使学生的身体发展得到促进，使学生的兴趣爱好与积极性得到有效激发，进而促进高校体育教学功能的有效发挥。

4. 体育教学过程的直观形象性

在体育课程教学开展的各个过程中，都体现出鲜明的直观形象性。例如，对于体育教师而言，其讲解不仅仅要同其他学科教师讲解的基本要求相一致，还要使用有趣贴切、形象生动的语言，艺术性地加工所要传授的东西，将语言简单化，使学生加深对教学内容的感知。同时，体育教师需要应用特殊的演示形式，通过动作示范、优秀学生的示范、学生正误对比示范、人体模型、动作图示、教学模具等直观、形象的展示，从感官上使学生对动作进行感知，建立清晰的、正确的运动表象。通过直观的动作演示，学生能够将得到的表象同思维紧密联系在一起，实现掌握体育知识与体育技能的目的。

高校体育教学管理与组织的过程也使直观形象性得到体现，学生的行为都是直接的、外显的、可观察的，所以，体育教师的一言一行能够发挥榜样的功能，使学生的身心得到无形的教育，进而直接地、真实地、显现地表现在课堂上，尤其是在学习活动与运动开展的过程中，学生会将其最为真实的一面通过一言一行表现出来，此时是体育教师观察、帮助和反馈的最佳时机。

5. 体育内容的审美情感性

体育课程教学的美，最直观的表现是运动开展过程中教师与学生的人体美与运动美。通过运动塑身，教师和学生身体各部分线条的美与身体比例对称的美得以形成，并且人体运动的美也在这一运动过程中得以实现，上述的这些都是外显的内容。而且，在运动开展过程中人体的精神美也得以实现，例如：在运动开展的过程中，需要对生理障碍和心理障碍进行克服，使高校体育教学目标得以顺利完成，使得礼貌、谦让和谦虚等风范得到体现。

高校体育教学活动不仅展示了人体美和精神美，还使得高校体育教学内容的审美性得到体现。每个运动项目都对审美特征和美学符号进行了不同的表述，例如：对于球类运动项目而言，不仅使个人的运动优势得到展示，对于群体互助、协调和合作等人际素养也要兼顾；对于田径运动而言，不仅使学生个人的运动天赋得到表现，同时，也展示了坚强的意志品格；对于乒乓球运动项目而言，使高超的技艺与灵巧得到展示，等等，而这些内容都是前人累积的经验总结，经过教师的加工传授给学生，以此让学生去感知，获得身心健康的全面发展。此外，高校体育教学活动作为一种社会活动，具有一定的创造性，教师与学生共同营造的教学情境在精神上能够给人以启迪，令人回味。

6. 外界客观条件的制约性

同其他学科教学相比，高校体育教学的另外一个不同之处就是，高校体育教学效果很容易受到外界各方面的影响和实际客观情况的约束，例如：学生的性别、年龄、生理特点、心理特点、体质强弱与运动基础、体育场地、客观气候条件，等等。上述的这些因素都会对高校体育教学质量存在不同程度的影响。

从高校体育教学对象的层面上而言，高校体育教学应该使教育的全面性得以实现，在运动基础方面区别对待不同水平、程度的学生，同时，还要针对学生的性别、年龄、生理特点、心理特点与体质强弱等方面的实际情况实现区别对待。例如：在机能水平、身体形态、运动功能与运动素质等方面，男女学生也会存在明显的不同，因此，在教学选择、教学设计和教学组织等方面就应该对性别差异进行考虑。如果没有对这些特点给予足够的重视，盲目教学，不仅会导致体质增强的教学效果很难实现，还有可能会导致学生安全方面的风险得到增加。

从高校体育教学环境的层面上而言，鉴于室外存在较多的影响因素，例如：空中的意外声响、马路上的汽车声，等等，使学生的注意力非常容易分散，所以，体育课堂教学一般会在室内开展。当然，也有一些不可控因素的存在，例如：天气因素等，都会干扰到高校体育教学过程。同时，体育课程教学在体育场地、器材设施和客观气候条件等方面存在较高的要求。所以，体育教师在制订学年高校体育教学计划、课时具体计划、选择教材内容、实施教学组织方法的时候都应该对上述的这些影响因素进行考虑，使各种因素的影响尽量减少，促进高校体育教学效果与质量的提高，此外，体育教师还应该对酷暑、严寒等自然条件进行利用，使学生适应环境的能力得到培养。

第二节　高校体育教学基础阐述

一、高校体育教学的结构与原理

（一）高校体育教学的结构

高校体育教学的结构是实现高校体育目的的关键环节。高校体育教学内容的主要结构有体育课程教学、课外体育活动、课余体育竞赛和课余体育训练活动。随着高校体育教育的不断改革和发展，体育课程的结构也在不断更新和完善。

1. 体育课程教学

体育课程是高校体育工作的重要组成部分，在培养学生养成良好体育习惯的过程中发挥着重要的作用。体育基础知识、基础技能的掌握，体育兴趣的培养，体育态度的形成以及体育观念的树立，都是通过体育课程教学来实现的。体育课程是高校教学计划中规定的必修课程，它既是高校体育教育工作的中心环节，又是实现高校体育教育目标的基础和基本途径。体育课程教学分为体育理论课和体育实践课两部分。

（1）体育理论课。体育理论课是根据教学计划，在室内讲授体育与卫生保健等基础理论知识的课程。根据实际需要，有的理论课安排在学期开始进行讲授，有的安排在重大体育活动日前讲授。根据体育理论教材，按照教学计划和课时进度，系统地向学生传授体育科学知识和体育实践方法，加强学生对体育的理性认识和对体育文化内涵的深刻理解，使学生形成体育锻炼的意识，树立终身体育锻炼的思想。

（2）体育实践课。体育实践课教学是以身体练习为基本手段，以教师为主导、学生为主体专门开设的体育教学课程，是高校实现体育教育目标的基本组织形式。目前，我国高校提倡采用"三自主"的教学模式开展大学体育课程教学。所谓"三自主"，就是学生可以自由选择上课时间、自由选择上课内容、自由选择上课教师。这对学生而言选择范围更加宽泛，更有利于发挥其参与体育活动的主观能动性。

2. 课外体育活动

课外体育活动是高校体育课的有益补充，是体育教育体系在时间和空间上的延伸和扩展，是高校体育课程的有机组成部分。由于时间有限，体育课之余大力开展课外体育活动无疑是培养学生体育习惯的重要途径。

（1）早操。早操即清晨体育活动，是大学生合理作息制度的重要组成部分。它的形式主要根据个人的兴趣爱好来选择，每天应坚持20～30分钟的晨练，一般选择散步、健身跑、广播操、武术、太极拳等内容，运动量不宜过大，以免影响学习。学生坚持做早操，不仅是锻炼个人意志、养成良好生活习惯、促进身心健康的有效措施，而且是每天学习前的一项准备活动。同时，开展早操对于校风、学风建设以及促进校园精神文明也有重要意义。

（2）班级体育锻炼。班级体育锻炼是学生结束一天的课程学习之后进行的有目的、有计划、有组织、以教学班为单位、分组、分项目地点固定的组织活动，以选择篮球、足球、羽毛球、排球、乒乓球等集体项目为宜。班级体育锻炼可以增强学生体质，促进健康，陶冶情操，拓宽视野，培养集体主义精神。

（3）体育节。体育节是在课外集中一段时间组织全校学生进行的体育活动。体育节时间比较灵活，可用一周或几天，有目的、有计划地组织这一活动。体育节活动内容应该丰富多彩、适应大学生的兴趣爱好，既要生动活泼、富有趣味，又要兼顾知识性和教育性。在举办体育节前要做好充分的准备和宣传工作，调动全体学生的积极性，在相对集中的一段时间内为校园创造一种体育活动的热烈气氛。这对吸引更多大学生自觉参与体育活动有良好的促进作用，也有利于丰富校园文化生活。

（4）体育协会或体育运动俱乐部活动。体育协会或体育俱乐部是大学生根据自己的兴趣爱好，自主选择、自愿参加的课余体育组织。它是贯彻实施全民健身计划的重要组织形式，其职能是宣传、组织、指导所属成员参与课余体育锻炼，协助学校体育行政部门和学生会体育部开展群众性体育活动及组织单项训练和竞赛，提高运动技术水平。它的主要特征是将体育作为开展活动的一项内容，把个体的自觉自愿归结在协会或俱乐部相对固定的计划安排内，实行"自主自律，自我管理，自我发展"的管理方式，通过定期的集体活动提高体育协会或体育俱乐部的凝聚力。

3. 课余体育竞赛

竞争是体育竞赛的基本特征。体育竞赛既可以培养学生的竞赛意识，又符合学生的竞争心理需求。因此，体育竞赛是推动学校群众性体育活动开展的有效组织形式，能起到宣传、教育和鼓励的作用。通过运动竞赛这一形式，不仅可以检查体育教学和训练情况、总结和交流经验，还可以选拔体育人才。

（1）学校运动会。高等学校常在春季或秋季举行田径运动会。它的特点是项目多、规模大，能够较为全面地检查学校田径运动开展的情况，进一步推动该项运动的普及和提高。

（2）传统项目比赛。各校根据自身实际情况，设置一项或几项传统项目长期开展比赛，如篮球、排球、越野跑、乒乓球、拔河、跳绳等，并要求学生积极参加锻炼和训练，定期举行传统项目比赛。

（3）对抗赛。对抗赛是不同班级、院系或学校联合组织的比赛，目的在于互相学习，互相促进，交流经验，共同提高。它的特点是规模较小，便于在业余时间进行。

（4）友谊赛。友谊赛与对抗赛基本相同，只是在对象、水平、规则等方面不像对抗赛那样要求严格。

（5）测试赛。测试赛是为了达到一定的体育锻炼标准或者了解运动员进步情况而组织的比赛。

（6）选拔赛。选拔赛是为了组织某项体育活动的运动队而进行的选拔队员的比赛。它可以单独组织，也可以结合其他比赛进行选拔。

（7）表演赛。表演赛是为了宣传体育运动的意义和扩大影响，或者对要开展的项目做示范性介绍而举行的比赛，如武术、艺术体操、广播体操等。表演赛可以单独组织或者在运动会中附带进行。

4.课余体育训练活动

课余体育运动训练是在群众性体育活动普及的基础上，对部分热爱体育运动、身体素质好又有专项运动特长的学生进行的系统的体育训练过程，是贯彻与提高相结合的一项重要措施。

（1）高水平运动队。高等院校办高水平运动队是我国建立多层次、多渠道培养优秀运动员人才梯队建设的战略措施，旨在为我国培养更多的高水平运动员开辟一条新的途径。目前，各高等院校根据学校实际情况，致力于对高水平运动队的招生、学制及训练与管理的探索与创新，为开创竞技体育人才输送渠道和扩大国际交往的需要，积极创造条件，使课余体育训练逐步走向科学化和系统化。课余训练的目的是提高竞技运动水平，这既可以通过参加不同层次的比赛为学校争得荣誉，又可以为学校培养体育骨干，以指导和推动群众性体育活动的开展。

（2）学校代表队。学校代表队的目的主要是代表学校参加校级或上级组织的比赛，项目设置一般根据学校传统运动项目和上级比赛的竞赛规程来决定，其队数和每队人数均比兴趣训练队少。学校代表队一般由运动技术水平较高、学习成绩合格、思想素质较好的学生组成。

（3）兴趣运动训练队。只要身体素质好、有专项特长、兴趣浓厚、本人自愿，经过批准就可以参加兴趣运动训练队。项目设置一般根据学校的师资、场地设备、传统运动项目等条件来决定。训练的目的可以为参加校级或上级组织的比赛，也可以不为任何比赛，而仅仅为了增强体质，提高运动技术水平。这种训练队常以单项协会或俱乐部的形式完成训练任务。在这种基础训练队中可以产生以班队、年级队、系队、校队为形式的优秀人才。

（二）高校体育教学的原理

1.体育运动认知规律

体育运动的认知体系具有独特性。在体育教学过程中，体育运动的认知规律是一定要遵循的。

体育教学中，运动认知大致经历三个阶段：首先，发展感性认知，奠定必要的感性基础。其次，在感性认知的基础上进行理性概括，从而促进理性认知的形成。最后，在体育运动实践中科学灵活地对理性认知加以应用。

具体而言，体育的运动认知体系是一种"身体—动觉智力"，通过体育教学，能够使学生进行物体识别、自我认识、控制体育运动的相关因素（时空、高度、距离、重量、平衡等）的能力不断提高。在体育活动中，表现为学生能对体育事件做出恰当的身体反应，具有控制身体运动、操纵物体的能力，身体与大脑能够协调工作。对此，体育教师在体育教学中应重视培养学生感知时空的能力，提高学生对方向进行正确判别的能力，培养学生从方向、速度以及重量等方面感知器械的能力，以此促进学生运动认知能力的不断提高。

2. 体育运动技能形成规律

学生对运动技能能够充分的掌握是体育教学的主要任务之一、而学生掌握运动技能需要经历一个必要的发展过程，这个发展过程的大致趋势就是不会→会，不熟练→熟练、不巩固→巩固。换言之，就是要经历一个泛化→分化→自动化的变化过程。掌握与形成动作技能的过程与阶段划分没有十分精确的标准，然而就动作技能的结构而言，体育教学中依然要对体育运动技能的形成规律严格遵循。

3. 体验运动乐趣规律

在体育教学中，主要教学目的之一就是要注重培养学生的体育爱好与专项能力。这一目的的实现有一个前提条件，就是使学生在体育运动中主动体验到乐趣。体育运动乐趣的体验能够使学生对运动技能进行积极的学习与掌握，从而提高自己的体育技能。因此，体育教学要严格遵循体验乐趣这一规律。

学生在学习与掌握运动技能的过程中，要经历三个体验乐趣的过程：首先，学生以自身已有的技能水平为基础进行新技能的学习，在学习新技能中体验新的乐趣。其次，学生为掌握新的运动技能需要付出一定的努力，需要不断挑战自我，在挑战自我中能够体验到乐趣与成就感。最后，学生掌握新的运动技能后，需要充分发挥自身的聪明才智与主观能动性来对技能进行创新，在创新中体验、探索与感受新鲜的乐趣。

二、高校体育教学的特点及功能

（一）高校体育教学的特点

学校体育是教育的重要组成部分。在教学过程中，加强学校体育教学工作，帮助教师认识体育教学在学校教育中的位置和作用，是推进体育基础教育改革的重要内容。因为学校体育在实现素质教育，提高国民体质方面具有不可替代的作用。学校体育的主要任务是增强学生的体质，促进学生身体及其机能的正常发展，体育专业的学生和教师要想更准确地掌握体育学科的相关知识，优化体育与教学过程，首先应该清楚地了解体育教学的特点，以实现体育教学的科学化。前面已经了解到体育教学是学校教育的重要组成部分，但是由于体育教学较其他学科的教学而言具有很强的实践性，并且在教学的过程中涉及的内容较多，较为复杂，因而体育教学的特点与其他学科有着本质的区别。对于体育教学工作者而言，掌握体育教学的特点也成为必备的知识之一。

1.体育健身的系统性

体育教学的对象是学生，体育教学效果要在学生身上体现出来。学生具有很强的可塑性，体育教学的每一个构思和步骤，都将直接影响学生身心成长。一个好的教学效果在学生身上的体现，不仅是外在肌肉的力量和肌肉线条的流畅、骨骼的完善发育、内脏器官的健康，也包括整体的匀称协调发展，并且是按照生长发育的先后，有序而全面地发展。

体育教学内外合一的健身系统性，体现了身体发育的有序性和全面性。

（1）有序性。有序性表现在学生身体形态发展的"序"和身体主要器官发展的"序"，身体形态发育的"序"与体育教学。身体形态指体格、体形和身体姿势。不同的年龄阶段，形态指标具有明显特征。人的身体形态生长发育顺序是头部优先，上身次之，下肢在后。所以婴儿的体形是头大，上身长，下肢短。但到第二次突增期后，便后来居上，下肢迅速发育，其次是躯干，而头部发育则不明显。到成人时，头长了一倍，躯干长了两倍，上肢长了三倍，下肢长了四倍。

在形态发育过程中，骨骼的发育快于肌肉，所以表现为人体各长度指标（身高、上下肢长、手长足长等）的增长领先于围度或宽度（胸围、臀围等）指标。此外，随着学生年龄的增长，体形也不断发生变化。

从学生身体形态发育的年龄特征出发，体育教学中的"有序"表现在以下时期：学生快速发育期间，应加强合理的运动锻炼，以增强对骨骼的血液供应，促进骨骼的快速增长。此外，通过肌肉的剧烈活动，可使机体获得更多的氧气和营养，从而促进肌肉增长。在第二次生长发育期间，脊柱增长加快，而体重增加较慢，肌肉的支撑力较弱，很容易出现脊柱异常现象。这个时期一定要注意培养学生正确的坐、立、走、跑等身体姿势，加强胸、腰、腹部肌肉锻炼，使之适应脊柱骨增长的速度，促进身体形态的正常发育。同时，由于下肢骨增长较快，下肢在身高中的比例加大，应侧重学生跑、跳、踢等运动能力的发展。

（2）全面性。体育教学是增强学生体质、提高其健康水平的过程，不仅具有使学生精力充沛、顺利完成各项学习任务的近期效益，而且具有奠定终身体质基础和提高民族身体素质的长期效益，故体育教学中的全面性体现在以提高健康水平为目标，使学生身体各个部分、各种运动能力、身体素质及生理机能都得到均衡、对称、协调地发展，克服对局部肌肉力量、筋骨强壮和意志磨炼的片面追求，避免对人体局部机能的强化和单项运动能力的强求。在生物学指标（遗传因素）、医学指标和生理指标的监督下，应尊重学生的先天条件、兴趣爱好和性格特征，区别对待，因人施教，促进其全面发展。

2. 教学环境的开放性

教学环境是指开展体育教学活动所需要的硬件和软件条件的综合。在体育教学中，良好的体育教学环境在其中具有非常重要的影响，如果缺少良好的体育教学环境，那么整个体育教学质量就会受到较大的影响，甚至会对体育教学的顺利开展产生非常严重的影响。

目前，我国体育教学多以体育实践课为主，体育教学实践活动多在室外进行，体育教师组织的大多数体育课主要在学校操场进行。与其他学科主要是在封闭的教室、实验室等地方开展教学活动不同，体育教学的教学空间富有变化性，环境更加开放。体育教学环境的开放性决定了体育教学具有不同于室内教学的特殊要求，在室外开展教学活动应注意以下几点：

（1）由于体育课多在操场进行，受到的干扰因素较多，如：天气、地形、周边设施与噪声等，因而体育教学的组织管理工作会比较复杂，需要精心设计与统筹安排体育教学的组织形式、教学步骤与方法。

（2）室外的体育教学是动态的，学生大部分时间都处在不断变化与形式多样的运动中，而且班级内学生较多，因此教师可采取分组教学。

（3）在体育教学中，考虑到一些学校的体育基础设施条件较差，体育教师应进一步提升对学生安全教育的重视程度。

3. 教学内容的情感性

体育教学的内容非常丰富，通过体育教学内容的学习，学生可以普遍从中体会到源自体育的丰富情感。具体而言，学生丰富的情感体验在体育教学中主要表现在以下几个方面：

（1）体育具有美育价值。在体育教学过程中，师生可以体会到体育赋予人的人体美和运动美。一方面，学生通过接受体育教学，掌握体育运动的方法和技能，以此达到运动塑身的效果，使身体外在形态保持优美的线条和良好的身材比例；另一方面，通过练习不同运动项目，学生可以认识到人体不同的动作展现，通过体育教学中对美的感受，可以提高学生的审美能力。既然有美的存在，那么就要有欣赏美的人和能够欣赏美、懂得如何欣赏美的能力。动作美和肌肉的动态美只有在运动中才能看到，是极为外显的美。

（2）在体育教学过程中，学生可以通过参与体育活动陶冶情操，平衡心态。教师会教育学生在关键时刻始终保持冷静的心态，或是在胜利时表现出谦虚的态度等。

（3）体育教学能使学生真正领悟体育精神。每一项运动都向人们表现出了不同美的特点和审美特征，如：球类运动可以表现个人对球类技术的掌握能力，集体球类项目中除了个人能力外，还包含与队友之间的协作和互助精神。这些内容都是人类积累下来的丰富的体育内涵，而体育教学能促进学生感受体育的精神美，掌握体育的精髓。

（4）体育教学是一种创造性的社会活动，其创造的成果就是让学生获得内在的感悟和精神上的启迪。同时，体育教学有利于学生与学生、教师与学生之间的沟通，有利于提高学生的社会适应能力和应变能力。

4. 教学过程的直观性

体育教学过程拥有直观性特点。这种直观性主要体现在讲解、示范和教学组织管理三个方面。具体分析如下：

首先，教师对教学内容的讲解具有直观性的特点。体育教学过程中，不仅要求体育教师与其他学科教师讲解一致，还要求其语言更加生动，并且富有一定的肢体表现能力，以使学生产生一个形象、贴切、有趣的感觉。尤其是在某些拥有较难技术动作的体育运动教学中，教师不仅要对体育教学重点进行详细的描述，还要用生动形象的语言把复杂的技术动作进行简单化的讲解，便于学生理解。

其次，教师对体育动作技能的示范具有直观性的特点。体育教学过程中，每一个体育项目的教学都涉及技术动作或战术配合。为了加深学生的理解和认识，教师有必要进行动作示范和实践演示。在运用示范法时，教师需要做出非常直观、形象的动作示范，包括正确动作的演示和错误动作的演示，且不能有任何的艺术加工和变形，这样才会使学生从感官上直接感知动作的正确与否，以利于他们建立正确的、清晰的运动表象。学生建立正确的运动表象后，应再配合教师的讲解，使之与思维相结合，以更好地掌握体育知识、体育技术和技能，进而促进身体素质的改善，从而提高运动水平。

最后，教师对体育教学的组织与管理具有直观性的特点。体育教学中，教师与学生接触更多，关系更融洽，对学生的组织与管理也带有直观性，教师要更加富有责任心、更具有活力，这对学生的身心也是一种无形的教育，有助于教师对学生的观察与帮助。另外，把控教学过程也能为学生创造轻松的教学环境，使学生在教学中表现出自己最为真实的一面，这有利于体育教师获得正确的教学反馈，并及时修正。

5. 教学条件的制约性

体育教学内容丰富，涉及要素较多，使得体育教学受到很多客观条件的制约，这是体育教学的重要特点之一。体育教学活动受到的制约主要有学生运动基础，学生其他基本情况（年龄、性别、生理和心理特点），体育教学场地条件、器材、气候等。这些因素都会影响体育教学质量的高低。具体来说，主要表现在以下两方面：

首先，就教学主体来讲，学生作为体育教学过程中体育知识与技能传授的受众，与学生有关的诸多情况会对体育教学本身造成一些影响。因此，体育教学要想进行得顺利并获得良好的教学效果，就要注重在学生的运动基础方面以及体质强弱等实际情况的区别对待。比如：根据男生与女生不同的身体形态、机能水平、运动能力等，要求学校体育教育部门和体育教师在进行教学设计、教材选择和教学组织等方面制订时考虑周全，否则就会影响教学目标和教学效果的实现。

其次，就教学环境来讲，体育教学环境是体育教学的重要载体，其质量的高低会对体育教学产生较大影响。例如：体育教学活动多在户外开展，可能会面临空气污染或邻近马路带来的噪声污染等问题，而这势必会影响体育教学主体在教学活动中的状态与情绪。天气对于室外体育教学的影响也是不能忽视的，如遇到雨、雪、大风等恶劣天气时，体育教学就会被迫停止，转而来到室内进行一些体育理论课的教学，而这会影响体育实践课的教学计划。

总之，体育教学受多种体育教学条件的制约。要想顺利开展体育教学，摆脱不利于体育教学的各种条件因素的影响，从学年的体育教学计划到具体课时计划，从教材内容选择到教学组织方法实施，体育教学都必须考虑某些客观实际与影响因素，结合教学实际，科学地选择体育教学的内容、方法和组织形式，尽量将制约因素的影响降到最低。

6. 人际关系的多边性

体育教学过程是教师与学生、学生与学生进行互动的过程，这种互动过程在人际交往中占据重要位置。现代体育教学的组织形式主要在单人、双人、小群体以及全班之间不断转换，要求学生在不同的时空内完成不同的身体运动，不断地变换角色地位，彼此之间建立多种不同的联系。因此，在体育教学中，师生之间、学生之间、小群体之间具有频繁且形式多样的人际交往关系。

针对体育教学过程中人际关系的多边性特点，体育教师可以运用多种方式与学生交流与沟通，并引导学生相互之间进行配合、鼓励与评判，教会学生在体育课堂中初步体会社会交往，培养学生的合作意识，提高其人际交往能力。

7.身体活动的常态性

体育教学中，学生需要不断重复学习体育运动技能，这也决定了学生在体育教学活动中要经常进行身体活动，即体育教学具有身体活动的常态性特点。体育课堂教学过程中，教师与学生的身体操练非常频繁，这种近乎于常态化的特点已成为体育教学非常显著的特点。

一般性（主要是指文化类学科）的教学，多在教室（实验室、多功能厅）进行，且要保持相对安静，这样才能激发学生的思维并产生较好的学习效果。而和这些学科相比，体育教学却刚好相反，其教学地点多为户外或专用运动场馆，普遍较为宽阔，而且在大多数时间的运动技术练习环节并不需要刻意保持安静，学生之间、学生与教师之间都可以随时进行相互交流和沟通，如此才更有利于对运动技术的学习。

体育教学要求学生应掌握基本的运动技能，体育教学过程中充满了对身体活动的要求，这是体育教学与其他学科教学的最大不同之处。因此，在体育教学中，几乎所有内容都涉及身体活动，或者是为即将到来的身体活动做准备。在体育教学过程中，不仅学生要进行一定的运动，教师在做示范、做指导和参与组队教学赛中也需要付出不少体力。可见，体育教学身体活动常态性的特点不只针对学生，同时也针对教师。

（二）高校体育教学的功能

随着教育理念的转变以及教学的改革，素质教育已经成为当今时代教育的重要指导思想，体育教学在这种新的教学观念的影响下，也更加明确了其作为健康教育的一种手段，已经被赋予了更多新的内涵和功能。素质教育中所提倡的健康教育，并不仅仅指身体上的健康，同时还强调对学生心理健康的教育和对社会适应能力的培养。

素质教育最关键的内容之一就是培养学生发现问题、解决问题的能力，在反复的实践中，逐渐培养学生努力实现自身价值的意识。在此教学目的的引导下，健康教育已然成为素质教育的手段和具体体现。无论是在体育教学中开展的小组教学，还是以游戏形式进行的体育教学，都能在实践中培养学生独立思考、团结合作、人际交往和适应环境的能力。体育教学的功能主要体现在健身、健心、健美、育人等几方面，下面就这几方面的功能展开具体的研究与分析。

1. 健身功能

在体育教学中，学生必然要通过身体练习来参与体育学习，这就要求学生在练习中需要承受一定的运动负荷，这种负荷会在不同程度上刺激与影响学生的机体，练习内容、练习持续与间歇时间、练习量、学生的体质等因素会影响运动负荷对学生机体产生刺激的程度。例如：在田径运动教学中，学生进行短跑练习能够使自身的肌肉素质提高，参与长跑能够使自身的心肺功能增强。然而，在练习中，学生需要掌握一定的度，也就是需要合理安排负荷量，如果进行超负荷的身体练习，不仅不会达到健身的效果，反而会对机体造成损害。

健身功能的发挥也与学生的体质有一定的关系，如果学生的体质较好，就可以安排其参与较大运动强度的练习；如果学生的体质较差，但仍安排与体质好的学生同样强度的练习，就会损害其身体健康。因此，要充分发挥体育教学的健身功能，还需要遵循体育教学的基本规律，这样才能使学生达到良好的健身效果。

2. 健心功能

体育教学不仅有利于学生的身体健康，还有利于学生的心理健康，这主要体现在以下几方面：

（1）保持良好心情。学生在参与体育运动技能训练时，要遵循一定的节奏规律，而且上下肢需要协调配合，使身体的各个部位全部参与其中，这样才能完成规范动作的练习。全身部位参与体育活动有利于缓解肌肉紧张，有规律的节奏能够使学生舒缓神经、缓和情绪，从而享受体育运动带来的乐趣。在体育锻炼的过程中，学生全身肌肉基本处于放松状态，其精神也随着身体的放松而不断放松。因此，体育运动不仅能够使学生缓解精神压力而获得有效的休息，而且能够使其维持良好的情绪与心情。

（2）缓解紧张情绪。学生在日常学习中会承受不同程度的压力，各种各样的压力使其精神总是处于低落与紧张的状态。学生可以在课余时间选择自己喜欢的环境进行体育运动锻炼，这样有利于获得轻松愉快的心情。通过参加校园体育运动，学生自身的紧张情绪可以得到调节，从而产生愉快的感觉，使其自身神经系统保持兴奋的健康状态，轻松地投入学习中。

（3）防止心理疾病。人在巨大的压力下更容易产生心理疾病。对于学生而言，其主要压力来自学习，一些学生在学习过程中更容易因为无法正确处理一些问题而导致心理疾病。

在生理上，心理疾病主要表现为没有食欲、体质不断下降、有睡觉的欲望但总会失眠；在精神上，心理疾病主要表现为情绪低落、精神不振、没有自信、心里郁闷、经常处于急躁状态等。这些心理疾病会影响学生的正常学习与生活。现代科学研究表明，参加体育运动能够有效预防上述心理疾病的发生。经过体育锻炼后，学生往往会觉得身心轻松、心情愉悦，具有饱满的精神，这样有利于防止心理疾病的发生，从而使学生的心理保持健康积极的状态。

3. 健美功能

健康形体的塑造离不开健康这一最基本的条件。健康不仅指没有疾病，它还包括多个方面，如正常发育、体型匀称、五官端正、有光泽的肌肤和健壮的肌肉等。人类社会特有的审美观能够通过这些健康的内涵进行充分体现。每名学生都希望具有健美的好身材，然而受到先天遗传因素和后天诸多方面因素的限制，达成这一目标还有一定的难度。大量实践证明，经常参加体育锻炼能够从不同程度促进学生身体不同部位的发育与生长。在体育教学活动过程中，学生身体所需要的能量很多，身体内的脂肪在氧化分解后所产生的能量是身体所需热量的主要来源，因此学生有规律地参与体育运动能够拥有比他人更加完美的身体线条，从而表现出优美的体型、姿势和动作。

4. 育人功能

（1）德育。在体育教学中，体育教学活动需要集体的共同参与才能完成。根据体育运动或游戏的规则，运动竞赛或游戏要想顺利进行，就必须依靠参与者自觉遵守既定规则。因此，体育运动开展的前提是遵纪守则，运动取胜关键要靠集体的团结配合。体育教学与比赛可以培养学生良好的遵纪守则的习惯。学生要想在比赛中取胜，就必须认识到团结互助、协调合作、发挥集体力量的重要性。在体育练习或比赛（游戏）中，学生还要懂得关心同学，尊重对手，尊重裁判，自觉遵守体育课堂秩序。此外，系统的体育教学对陶冶学生良好情操、塑造学生完美人格同样具有重要的作用。

（2）智育。在学校体育教学中，学生积极参与体育课堂教学活动及课外活动，能够大幅度地促进自身智力水平的提高。首先，可以增强神经系统功能。①学生在学习体育的过程中会不可避免地参与体育运动，通过参与体育运动，学生神经系统的功能将会增强，主要反映在其大脑的兴奋和抑制过程会变得比以前更集中，使其能够迅速对一些刺激做出准确的反应，这就在一定程度上促进了智力水平的提高。②与左脑相比，右脑在信息容量、形象思维能力以及记忆容量等方面都比较优越，学生积极投身于体育运动的学练中能够不断锻炼自己的右脑，从而使其在容量与能力方面的优势充分发挥出来。③学生参与体育运动，能够促进自身血液的循环与流通，促进自身呼吸系统功能的提高，能够将大量的养分提供给大脑，从而促进大脑记忆、思维和想象力的发展，最终促进综合智力水平的不断提高。其次，能够提高脑力工作效率。学生坚持长期参加各种各样的体育运动，能够有效减缓自身应激反应，起到良好的健身和提高脑力的效果。一个人的血压和心率会受到肾上腺素受体数目或敏感性的影响，因此其生理也会受到特定的应激源的影响。冷静思考与欣赏音乐能够促使一个人皮肤电反应速度的降低，这个现象是从强烈的应激情境中变化而来的。而参与体育运动对人体产生的这一影响将会更加明显与有效，这是相关人员经过研究而得出的结论。学生处于静止状态时，容易在生理上产生应激反应，而体育运动能够促使生理应激反应的减少，从而提高脑力工作效率，进一步提高学生的学习效率。

（3）美育。体育教学具有提高学生审美意识与审美能力的重要作用。健、力、美同时蕴含于体育运动中，静态的人体造型和动态的运动节律都具有美的特质，都表现出人们向往美的意愿。体育运动的"美"不仅在运动过程中突显，而且在运动结果上也有淋漓尽致地体现。运动参与者主要从以下两方面获取成就感与审美感：一是运动参与者通过科学的体育运动而获得的完美身体曲线，二是运动参与者通过激烈且公平的比赛而获得良好的成绩。学生对体育运动的审美意识也可以通过体育教学来培养，体育教学可以帮助学生树立正确的人体及运动的审美观，使学生体验积极、健康的审美情感，进而提高自身的美学素养。

三、高校体育教学的原则与目标

（一）高校体育教学的原则

1. 合理运动原则

（1）不同学生生长发育的特殊性。这一点对于儿童青少年体育教学尤其重要，但大多数刚进入大学的学生的身体尚处在生长发育期，身体各方面机能的发展还不完善，对体育教学的安排要既满足学生锻炼身体和掌握运动技能的需要，又不至于使学生体能透支而出现危险情况。体育教师在为学生安排和设计体育教学活动量时，要以学生可以承受的身体负荷为依据。

（2）人体发展的基本规律。学生在参与体育教学时，无论是身体练习还是运动技能的学习，都需要承受一定量的运动负荷。但人体在体育运动过程中的规律揭示出任何练习和教学都不是活动量越大越好。运动负荷过大，会对学生的身体健康造成不同程度的损害；运动负荷过小，又不利于良好教学效果的取得。运动负荷的适宜性安排是否得当，是检验一名体育教师教学水平高低的标准。

（3）运动负荷的合理安排

①运动负荷的安排要服从体育教学目标。体育教学的目标是培养学生健康的体魄和健康的心理素质，因此体育教学不是为了让学生不断超越身体极限、挑战自我，也不是为了增加运动负荷而加大运动量训练，竞技体育中无限制加大运动负荷的方法不适用于各级学校的普通学生的体育教学。

②运动负荷的安排要服从学生的身体需求。体育教学应为促进学生身体发展而服务，因此体育教学中，运动负荷的大小应充分考虑学生的身体发展状况与需要。教师要合理地安排运动负荷，就必须了解学生的身体发展情况（包括不同性别学生的生理差异、学生在不同生长发育阶段的特点等），运动负荷安排要体现对学生身体的无伤害性，同时要有利于促进学生身体发展。

③运动负荷的安排要充分考虑学生之间的共性与个性关系，需要体育教师考虑周全。一方面，教师要从学生的整体情况来考虑。这个整体情况主要是指高校大学生的年龄相近，因此他们的身体素质发展情况大致相同。另一方面，教师在整体趋同性的基础上，还要关注一些个人特殊情况，如对伤病学生的运动负荷安排应酌情减少。

④运动负荷安排应为逐步提高学生自我控制运动负荷能力服务。体育教育虽主要以使学生参与身体练习为主，但也不能忽视对体育理论方面的知识讲授，这种理论教学往往能够让学生更好地理解体育的意义，从而促使他们主动参与到体育锻炼中来，而不是仅仅在课堂中参与。因此，体育教师应加强学生的现代体育教学的多维分析与创新研究体育运动理论知识的教学方法，提高学生对运动负荷是否合理的基本判断能力，并使学生能在体育活动中自主调节运动负荷。

⑤体育教学中应重视合理休息。运动负荷的安排与休息方式、休息时间有关。科学合理地安排休息方式、休息时间和心理负荷，对于顺利达到理想的体育锻炼效果有着重要作用。

2. 自觉积极原则

自觉积极性原则是指在教师的主导下，充分调动学生学习的自觉积极性，发挥学生的主体作用，培养学生学习的主动性和创造性，把认真完成学习任务变成自觉行动。

自觉积极性原则指的是在教师主导下学生的自觉积极性，是由教师的"教"与学生的"学"的双边活动过程的教学规律决定的。师生关系是体育教学过程中的一对基本矛盾，矛盾的主导方向是教师，因为教师是教育者，他们掌握比较丰富的体育知识、技术和经验，能满足教好学生的需要。在实施教学计划过程中，教师起主导作用，不仅表现在对计划的制订和执行上，还表现在对教学过程的调节和控制上。学生是教学的对象，是知识、技术的接受者，是学习的主体。但是，学生学习的自觉积极性不完全是自发的，也取决于教师的指导、传授、调节和控制。反之，学生有了学习和练习的自觉积极性，又能主动地自我调节和控制，并与教师的调节和控制协调一致，才能保证预定的学习目标的实现。因此，在体育教学过程中，教师要将主导作用与调整学生学习的自觉积极性结合起来，这是提高教学质量的根本条件。贯彻和运用自觉积极性原则的基本要求如下。

（1）了解学生。教师必须了解所教学生的特点，包括他们的爱好、需要、特长、困难和不足等，这是教师搞好体育教学工作的前提。但是，真正做到了解学生是很不容易的。体育教师可通过多种渠道加强对学生的了解，如：担任班主任、培养体育骨干、开展课外体育活动等。只有教师主动了解、关心并熟悉学生，才会有调动学生自觉积极性的基础。

（2）发挥教师的主导作用。学生的自觉积极性不完全是自发的，还必须通过一系列细致工作才能充分调动。因此，要调动学生的积极性，必须发挥教师的主导作用。教师的主导作用不仅表现在教学中，如：教师通过讲解、示范、组织教学等手段，把学生引导到所教的内容上来，更重要的是应该给学生提供一种良好的条件，使外因能顺利而迅速地转化为内因，从而调动学生的自觉积极性。

（3）建立民主平等、情感融洽的师生关系。体育教学过程中，教师既要严格要求学生，又要满腔热情地关心与信任学生，使师生关系融洽和谐、感情息息相通。营造这种良好的师生关系，有利于学生主动、快乐地参与到体育教学中去。

（4）培养学生学习的内在动力。学生学习的内在动力，是鼓舞和推动学生的内驱力。教师应不断提高教学的艺术性和启发性，培养学生正确的学习动机和兴趣。动机是一切行为的前提，是推动学生学习、锻炼的心理依据。只有使学生形成正确的学习动机，才能发挥其主体作用。

（5）培养学生自学、自练、自评的能力。自学、自练、自评的能力是养成学生经常参加体育运动习惯、培养终身体育运动意识的重要基础。在教师主导作用的前提下，要为学生自学、自练、自评能力的培养与发展创设一个良好的外部环境，放手让学生独立自主、生动活泼、主动地学习与锻炼。

3. 循序渐进原则

（1）体育教学循序渐进原则的基本依据。在体育教学过程中，首先要遵循的就是由简到繁、由易到难、由已知到未知的逐步深化的循序渐进的原则，循序渐进才能让学生更好地掌握体育方面的知识、技术和技能。

（2）体育教学循序渐进原则的基本要求

①制订好教学文件、安排好教学内容。在保证教学文件和教学内容都安排妥当的情况下，才能执行教学工作。因此，在进行教学工作之前一定要制订系统科学的教学计划。在制订教学计划文件时，每个运动项目、每次课、每学期的内容和教法，都应前后衔接。教学计划中内容的安排对教学工作的实施效果具有至关重要的作用。因此，教学计划的制订既要考虑该运动项目的由易到难、由简到繁的顺序，又要考虑其与其他运动项目之间的关系。项目的安排应遵循循序渐进的原则，以保证前一个项目的学习有利于后一个项目的学习。

②循序渐进地提高学生生理负荷。学生的生理负荷可以采取波浪式的训练方法，有节奏地逐步提高，因为机体需要一定时间的适应。合理地利用超量恢复是生理负荷提高的有效措施。

③教师要不断提高自身的文化素养，深刻了解学生身心发展的一般规律和特点，了解各种教材的系统性以及各种教材之间的关系。

4. 因材施教原则

因材施教原则是指体育教师在教学中，既要面向全体学生提出统一要求，又要根据不同班级和学生的个体差异区别对待，把集体教学和个别指导结合起来，使每个学生的才能和特长都能得到充分的发挥。确定因材施教原则的依据是学生身心发展的客观规律及个体发展的不平衡性。同一年级和年龄组的学生的身心发展规律具有共同点，因而体育教学可以对他们提出统一的规格和要求。同时，同一年级和年龄组的学生又存在个体发展的不平衡性，如：他们的形体、身体素质、运动能力、兴趣爱好、运动项目专长等方面都存在差异。这些不同点，又要求在统一的基础上注意区别对待、因材施教。贯彻和运用因材施教原则的基本要求如下：

（1）深入了解学生。这是进行因材施教的基础。教师通过调查研究，全面了解学生的体育认识、兴趣爱好、思想品德、健康状况、体育基础、身体发展等多方面的情况。找出他们的共同点和差异，才能采取不同的方法，因材施教。

（2）面向全体，兼顾两头。教师主要把精力放在全体学生的普遍提高上。在制订教学计划、确定教学目标和要求时，应该保证大多数学生经过努力可以达到。同时，还要兼顾两头，解决"吃不了"和"吃不饱"的矛盾。对个别身体素质好且有体育运动才能的学生，要为他们创造条件，让他们多参加课余体育训练，为提高专项成绩打好基础；对体弱和身体素质差的学生，要热情关心，耐心帮助，使他们在原有的基础上逐步提高体育水平，完成教学要求。

（3）从实际情况出发。教学中贯彻因材施教原则，还必须考虑学校的客观实际情况。不同地区、不同场地器材设备条件，都对体育教学起到制约作用。教师在制订教学目标时，除了要考虑教材、学生特点、组织教法外，还必须考虑上述各个方面的客观条件，这样才能更好地因材施教。

5. 巩固提高原则

（1）体育教学巩固提高原则的基本依据。根据遗忘规律和运动条件反射建立与消退的理论，学生学到的知识与技能在一段时间内如不经常复习就会遗忘或消退。另外，根据"用进废退"原理，学生对所学习的运动技能进行反复练习有助于发展运动能力、身体素质和生理机能，起到强身健体的作用。因此，要注意巩固提高所学知识的运动技能。"学习如逆水行舟，不进则退""温故而知新"这些关于学习的箴言充分揭示了学习中巩固提高的重要性。体育教学多为身体的练习，一般来讲，如果这种练习不能得到巩固，就会随着时间的延长而消退，因此在体育教学中遵循巩固提高原则是十分必要的。

（2）体育教学巩固提高原则的基本要求。

①在体育教学中，教师应合理安排训练计划。制订合理的训练计划可以使机体在巩固提高的过程中，避免出现过度疲劳损伤机体。

②体育教师应重视良好体育教学方法和训练方法的选择。教学中，可采用改变教学方式或者改变练习条件来达到巩固提高的目的。

③增加运动密度和动作重复的次数，反复强化，不断巩固运动条件反射，提高技术水平、身体素质和体育能力。

④教师要给学生布置适量的课外体育作业或家庭体育作业，将课内课外结合起来，达到巩固提高的目的。

6. 身体全面发展原则

身体全面发展原则是指在体育教学过程中，教材内容的选择和安排要全面多样，使学生身体的各个部位、器官、系统的机能以及各种身体素质和基本活动能力都得到全面发展。青少年正处于生长发育时期，可塑性很大。在体育教学中选择不同性质的教材，采用多种有效的教学手段，有利于学生身体的全面锻炼和身体各个器官、系统的机能得到协调的发展，养成正确的身体姿势。而长时间进行单一的、局部的锻炼，就得不到理想的锻炼效果，甚至可能造成某种程度的畸形发展，有碍学生健康。人体各个器官系统的机能，各种身体素质和基本活动能力之间，既相互联系、相互促进，又相互制约，某一方面的发展，会影响其他方面的发展与提高。因此，只有身体得到全面锻炼，才能全面协调发展。贯彻和运用身体全面发展的基本要求如下：

（1）身体全面发展体现在课堂教学的全过程。课堂的准备部分，活动要全面多样，基本部分教材要进行科学、合理搭配。基本的要求如下：准备部分的活动要以运动系统和呼吸系统为主，为完成课堂的目标任务做准备；基本部分的教材，既有上肢、下肢为主的练习，也有躯干、腰、腹、背部为主的练习，以使学生身体得到较为全面、协调的锻炼和发展；课程结束部分，要做好放松活动并布置课外体育作业，并有组织地结束。

（2）克服单纯从兴趣出发的倾向。体育教学中应激发学生的学习兴趣，使他们乐于上体育课。因此，采用一系列手段和措施来激发和调动学生的学习兴趣是很有必要的。但是，要把激发学生的兴趣与单纯从兴趣出发两者进行区分。所谓单纯从兴趣出发，就是以学生的兴趣为中心，背离全面锻炼的原则，学生喜欢什么，教师就教什么、练什么，这种长期片面地迁就学生兴趣的做法，会带来不良后果。

7.终身体育原则

（1）体育教学终身体育原则的基本依据。通过体育教学长久地影响学生对运动健身重要性的理解，并身体力行地参与其中，是体育教学的最终目的，也是我国对当前体育教学的基本要求。因此，培养学生终身体育的思想，促进学生终身体育习惯的养成是体育教学应遵循的基本原则之一。

（2）体育教学终身体育原则的基本要求。第一，培养学生的终身体育意识。教学中教师要善于发现学生的体育爱好与技术特长，并加以引导培养，以此来激发学生对体育学习的兴趣，使其树立终身体育意识，养成体育锻炼的习惯。第二，在体育教学中充分考虑教学的长、短期效益，体育教师不仅要重视体育教材或某项运动技能的教学成果，还要考虑体育教学的长期效益，这与体育教育总体目标的要求是一致的。

（二）高校体育教学的目标

体育教学目标是学生在实际参加的有关体育内容的教学情景中对于最终学习成果的

预期标准。体育教学目标是由体育教师制订的，具有较强的灵活性和实用性，为具体的体育教学活动提供依据。除此之外，它还对具体教学过程与丰富教学活动起定向作用。

体育教学目标又可分为阶段性目标和最终目标。其中，阶段性目标是指体育教学各个阶段的目标。阶段性目标的总和就是最终目标，即体育教学的总目标。体育教学总目标是实现体育教学目的。

1. 体育教学目标的特性

（1）预见性和挫折性。首先需要说明的是，体育教学的目标并不是自确立之日起在很短的时间内可以达到的，也就是说它并不是已经实现的现实。体育教学目标对体育教师和学生共同完成体育教学活动有着很大的指导作用和激励作用，它是一种对体育教学活动结果的预见与期待。另外，学校体育教学还具有一定的挫折性，因为体育教学目标在实现的过程中会遇到许多不在预期之内的问题和困难，这些困难会给最终要实现的教学目标以极大的阻碍，要达成目标是需要付出努力，甚至需要经过非常艰辛的努力才能实现的。

（2）方向性和终结性。学校体育教学目标能够反映出特定的价值取向，这也说明了它带有明确的方向性。在实际的学校体育教学中，这个方向性也非常直观、明确地展现在体育教学主体面前，如：他们应走向什么方向、走到哪里等。体育教学目标的终结性不是体育教学的终止，体育教学目标的完成意味着下一个更高、更强的体育目标的建立和开始，这个"终结点"只是整个体育过程中互相联系的一个"歇脚点"。

2. 体育教学目标的功能

（1）体育教学目标是选择教学内容与方法的重要依据。体育教学中包括的内容较为广泛，除最常见的体育运动项目技能外，还会学习一些与体育和保健相关的知识与技能。而正确合理的体育教学目标可以界定体育教学内容的范围，对教学内容的选择起到导向作用，并且对其做出最有价值的判断。另外，对于相应的教学内容选择对应的教学方法也是要以体育教学目标为依据的。

（2）体育教学目标是组织教学活动的重要依据。体育教学目标的高低决定了体育教学活动组织的严谨程度和实施方法。它会对体育教学内容的结构形式和教学的组织形式产生影响，并指导体育教学的具体实施。例如：较低的体育教学目标可以轻易完成，因此，在对其相关内容进行教学时可以组织得相对轻松一些；对待较高的目标则需要严谨、紧张、细致的教学组织。

（3）体育教学目标是教学评价的重要依据。对于体育教学的结果要进行系统、客观的评价，以获得有效数据和结论来反馈给体育教学管理部门。此后，相关部门会根据这些评价调整体育教学中的各种指标，促进教学水平的进步以及与学生的适配性。总的来看，学校体育教学目标是评价体育教学价值和效果的主要依据，它是进行学校体育教学评价的基本标准。由此可知，体育教学目标为学校体育教学评价提供了依据。

3. 体育教学目标的制订

（1）体育教学目标制订的步骤

①对体育教学对象进行分析。学生的学习需要是指学习者学习成绩、学习态度等的现状与体育教学目标之间的差距。学习者的能力与条件是指学生在体能、运动技能、体育知识等方面已经具备的能力与条件。在对学生的学习需要与能力条件认真分析的基础上，才有可能设置合理有效的学校体育教学目标。

②对体育教学内容进行分析。在制订体育教学目标时，要认真分析体育教学内容的特点与功能，这是因为制订具体的体育教学目标终归离不开具体的体育教学内容。教学内容的不同自然带来了不同的特点与功能。无目标的体育教学内容，注定也就没有教学内容的目标。

③编制体育教学目标。在分析完体育教学内容后，就要开始着手制订教学目标。体育教学目标是指导体育教学活动设计、实施和评价的基本依据，它通常在"单元"或"课"的教学计划中，按照课程的水平、目标、基础分别陈述。

（2）体育教学目标陈述

①明确目标的行为主体。体育教学目标注重学生学习产生的变化和结果，而不应是像以往那样单纯以教师的"教"为行为主体的过程。现代包括未来的教学都要以学生作为行为主体。因此，对于体育教学目标的陈述也就要注意突出体现出这一趋势。

②准确使用行为动词。体育教学目标应采用行为动词来描述体验性目标和结果性目标，以区分学习结果的层次性。

③规定学习条件。在体育教学目标的陈述中要注意将教学条件一一描述出来。体育教学设计的准备工作和体育资源较多，这些都是体育教学中不可或缺的内容，就教学条件来讲，一般包括情景、环境和信息三大条件。

④说明预期效果。体育教学目标的陈述中必须要有经过教学活动后预期达到的效果。另外，在对预期效果进行描述时，要以学生为主体，且语言通常为肯定句。

（3）体育教学目标制订的要求

①连续性。体育教学目标是通过若干年级目标、单元目标、课时目标的实现，最后加以实现的，在不同年级之间、同一年级前后之间、不同单元之间等，既有一定的独立

性，又有一定的关联性。因此，制订体育教学目标，无论是年级、单元，还是课与课之间都要注意相互之间的连续性。

②层次性。无论是体育情感目标、认知目标、运动技能目标，还是增强体能目标本身，都有一个从低到高的层次。各领域目标中，也都有从低到高的层次。

③可操作性。体育教学目标的制订，应具体、明确，便于操作，有利于给体育教学活动的过程以明确的导向，并且目标的制订还要便于最终对教学效果的评价，其应有利于测量和评价。

第三节　高校体育教学的课程设置

一、高校体育课程设置模式

（一）选项课模式和"校定特色必选课"模式相结合

在高校体育教学改革和实践开展的过程中，对于现代体育教育思想进行了全面的贯彻，而我国的各个高校都已经对体育课程模式的改革活动进行了不同程度的实施，在经历了一定阶段的发展、"聚类"和"沉淀"以后，可以将这些模式进行五种典型类别的归纳总结。

我国的部分高校已经对于一年级、二年级的体育选项课的主体教学模式进行了建立，同时，还对校定特色体育必修课进行了设立，并规定对于校定特色体育必修课课程设置模式的基本考核标准，要求高校的每一位学生都要通过。应用体育选项修和"校定特色体育必修课"相结合的模式，首先需要充足的体育师资力量配备，同时还要学校政策的支持与财力支持，保证较好的教师工作待遇，等等，只有这样才能够提高学生的体育基本素质，增强学生的体育锻炼意识。

（二）"完全教学俱乐部"模式

关于"完全教学俱乐部"模式在我国部分高校的应用，这一模式的主要思想是按照学生的体育学习兴趣与爱好，对于体育教学俱乐部模式全面实施，学生能够对体育运动项目、体育运动实践、体育教师完全自由地进行选择，同时，还把体育课程教学的俱乐部逐渐向外发展，延伸到课外体育俱乐部的形式。通常来讲，在"完全教学俱乐部"模式中，主要对指导制的形式进行了应用。在应用"完全教学俱乐部"模式的时候，通常要求条件优良的体育教学场馆设备条件，同时，对于吸引力也有一定的要求，此种教学模式属于教育制度中的完全学分制，此外，还要求学生具备较好的体育基本素质与较高的体育锻炼积极性和体育自我锻炼的意识，且具备良好的体育学习习惯与体育能力，充分保证体育课程教学的时间，在完善的、专业的师资结构下，使学生的体育学习需要得到充分满足。

（三）教学俱乐部模式和选修课模式相结合

我国的部分高校对于网上自由选择体育课程、选择时间和体育教师的完全体育教学俱乐部模式进行了建立。从实质上来讲，体育教学俱乐部模式是存在于完全教学俱乐部模式和体育选项课模式之间的一种教学模式，在使用此教学模式的时候，对于体育师资与项目群的一定储备存在要求，学生要具备较强的选择性，同时，还离不开体育教学专门选课系统的有力支持。值得说明的是，同完全教学俱乐部模式相比较，此种模式没有那么高的体育教学硬件设施要求，在课程选择的问题上，学生很难不受到课程设置模块、课程授课时间和师资力量的制约。

（四）基础课模式和选项课模式相结合

我国的部分高校已经对于一年级基础课、二年级选项课，或者是第一学期基础课、第二、三、四学期的体育选项课教学模式进行了建立。通常来讲，体育基础课授课形式是行政班级的方式，而体育选项课则是按照实际报名情况或者网上选择的具体情况来对体育班编制的方式开展的。此模式对于身体素质发展的重要性进行了较多地强调，这对于校定特色体育与一些传统体育运动项目教学与考核的顺利展开是非常有利的，同时还能够促进体育教学组织管理工作的全面实施。

二、体育课程发展的动力机制

（一）我国体育课程发展的外部动力

所有改革的出现都是基于一定动力的推动，同时，也少不了与之相对应的改革、发展动力机制。此种结论也适用于体育教学改革，对于体育教学改革的动力进行深入的分析，对于他们之间存在的作用机制与内在联系进行探讨，能够促进我们对体育教学改革目标的正确认识，对于相应的程序、方法和措施有针对性地进行选择，同时能够保证高校体育教学改革的顺利推进。

1. 体育教学改革动力机制的内涵

动力原是物理学的一个概念，之后被引申为能够对事物的运动与发展起到引发与发展作用的力量。众所周知，能够对于体育教学改革起到推动的力量，在现实的实践活动中不止一个，由于多种推动力的合力作用促使了实际改革的发生。我们一般可以将这些能够对高校体育教学起到推动作用的力量当作是一个系统，它们经常会同时作用在体育教学的改革活动中。

机制，这一词汇，是从希腊文衍生过来的，只有一直在其他的学科与领域中被广泛地应用，并用来对自身运动的行为机理层次与关系进行说明。关于机制的定义，在社会科学的研究领域中是内在联系和联系方式的一种，存在于事物或者现象的各个部分之间。

所谓的动力机制，主要是指功能型机制的一种。它一般指的是事物之所以发展、运动和变化的不同层次的各类推动力量，此外，还包含他们之间互相练习的方式、机制与过程。从本质上来讲，是指存在于动力和事物运动、事物发展之间的内在联系。同其他的事物一样，动力机制的存在也是作为一个系统，同时，这个系统具有层次多、要素多和复杂等特点。动力因素不仅仅存在于事物极其普遍的联系中，同时还存在于事物内部各构成要素间的相互依存和相互作用之中，从结构的层面上来讲，动力机制存在着各自的联系方式。

综上所述，关于体育教学改革动力机制的理解，也就是高校体育教学改革的动力机制，指的是体育教学改革得以发生与发展的各种不同层级的力量，还有它们之间互相关联的方式、过程与机制。

2. 体育教学改革的动力因素

按照哲学唯物主义学说的观点是，事物之所以出现改变，可能会由于多种因素，根据它的来源，可以将这些动力因素分成两种，即外部动力因素与内部动力因素。据此，我们把能够对体育教学改革起到推动或引起作用的动力进行两种类别的划分，即内部动力与外部动力。此处，对于体育教学改革推动或引起的动力，我们将从以下两个方面展开具体分析。

（1）体育教学改革的外部动力因素。高等学校不仅作为系统性的一个存在，它还是体育教学改革中的主体。如果我们把学校作为一个分界线，那么学校内系统存在于边界内，而学校外系统存在于边界外。体育教学改革的外部动力，也就是能够对体育教学改革起到引发或推动作用的高等学校外系统的力量。

①政治动力：政治力量的"政策牵引"。政治力量能够对体育教学改革产生一定的影响作用与推动作用，主要方式是政治牵引，即通过对相关政策与法律文件的制定，实现政府对体育教学改革的影响与推动。体育教学的职能、课程设置、教学方法、师资力量、招生对象与培养目标等多个方面都产生了重要改变，对于国家经济发展所需的高级应用型人才进行了大量的培养。

②经济动力：推动经济的发展与变革。对于体育教学改革而言，经济发展是其比较关键的、外部的一种力量，它能够强烈推动、促进体育教学改革的具体实施。所以，为了能够同经济发展相适应，同时从奠定未来经济发展基础出发，高等学校相应的教育教学改革就需要不断地开展。如果高等学校一直保留陈旧的体育教学内容与传统的体育人才培养模式，那么就不能同经济发展变化相适应，同时，高校体育培养出的人才同社会的需求与经济的发展也很难相适应。如此一来，不仅对于社会经济的发展会造成一定制约，同时还会阻碍高等学校的生存和发展。在经济结构改革的情况下，从某种程度上也对高校专业结构和学科结构的相应变化也起到了一定的促进作用。

③科技动力：科技发展进步的驱动。从人类社会的发展历程上可以看出，每一次科学技术的重要变革，都不可避免地会促进人类社会的巨大进步和生产力的重大改变。尤其是其对于科学技术而言，已经渗透在社会生活的各个方面。作为一种动力，其在一定程度上，对于社会的变革与经济的发展起到了强烈的推动作用。

（2）体育教学改革的内部动力因素。这里所说的我国体育教学改革内部动力因素，主要是指高等院校系统内部能够对体育教学改革起到推动与引领作用的关键性力量。

（二）体育教学改革动力的联系

1. 体育教学改革的内在联系

（1）体育教学改革的外部动力是发挥内部动力作用的先决条件。事物的变化、发展离不开外部力量的推动作用。尽管现阶段体育教学自身具备相对的独立性特征，使其具备独有的内在逻辑与演进规律，然而，体育教学作为具体的一种现象，始终存在于社会生活中，同时，同其他的社会现象间存在的联系也是经常性且十分密切的，此外，对于体育教学而言，外部力量也将会对其造成一定的影响，我们这里所说的外部力量主要是从社会系统中的政治、经济与科技等领域中产生的。如果不存在外部力量的刺激、诱发与推动，那么，想要从自身内部促进产生体育教学改革的意愿与动力明显是很困难的。所以，对于体育教学改革而言，其同外部力量中具有的推动作用之间存在十分密切的联系，同时，体育教学改革的外部动力从本质上来讲是其内部的动力使其自身作用得到充分发挥的重要基础。

（2）体育教学改革内外部动力综合作用于高校的教育教学改革。所有事物存在与发展，都离不开外部因素和内部因素的共同结果。并不是仅仅依靠外因的推动作用，或者是内因的单纯自我运动就能够实现的，从事实上来讲，主要是内部因素与外部因素之间综合在一起的作用结果。从根本上来讲，体育教学改革是一种外部和内部的动力之间种类不同的各种因素有机结合而促其产生的最终结果，尽管上述的这些因素同力量之间具有一定的差异性，但是需要注意的是，这些因素的存在是分散的，会通过多种不同的形式向体育教学改革工作的主要动力与合力来源转化，我们上面所提到的不同形式，主要有：对话、协同、选择、融合、竞争，等等，对于体育教学的改革与发展来讲，他们能够共同发挥出推动作用。

2. 高校教育教学改革动力的特征

虽然从形式方面来讲，体育教学改革的主要动力来源存在一定的差异性，但是，不可否认的是在特征方面，他们之间也存在一些共同点。在这些特征共同作用下，使他们在体育教学改革中占据重要的位置，进而在动力机制上使体育教学改革的有机构成得到促进，对于体育教学改革的进程起到共同推动的作用。这些因素表现出来的共同特征有：相关性与互补性特征、层次性特征、动态性特征和整体性特征。

3. 体育教学改革动力的机制

有一点需要说明的是，体育教学改革的实现，并不是仅仅拥有能够在体育教学改革中起到引发或者推动作用的动力就能够做到的。体育教学改革的诸动力同体育教学改革之间的练习离不开某一种机制的支持。现阶段，在体育教学改革的实践过程中，能够发挥作用的机制一般来讲有三种，作者对这三种机制的分析具体如下。

（1）行政机制。体育教学改革的行政机制，一般来讲是指国家的行政部门能够主导着体育教学改革与发展。行政部门的作用体现在，一般会对其科层体制进行利用来最后筛选、过滤体育教学改革中的各种外部动力因素与内部动力因素。

（2）市场机制。体育教学改革的市场机制，一般来讲是指市场能够在体育教学改革中起到主导作用。在市场机制的作用下，能够对体育教学改革的各种外部因素和内部因素造成一定的影响，这决定了它们能否作为动力而对体育教学改革发挥推动作用，并且能够承受得了市场的考验。

（3）志愿机制。体育教学改革的志愿机制，一般而言指的是学校自身能够在体育教学改革开展的过程中起到一定的主导作用，换句话说，就是在选择体育教学改革方向的时候，充分考虑学校自身存在的教育教学问题、教育教学现状与教育教学的发展目标等多种因素。在志愿机制的作用下，学校自身能够综合地分析教育教学改革的内部影响因素与外部影响因素。

第二章

高校体育教育教学创新理念

第一节　高校体育教学理念创新

一、"以人为本"教学理念

（一）"以人为本"教学理念概述

1. "以人为本"的理论基础

"以人为本"教学理念的提出是在现代人本主义教育思想的基础上发展起来的。人本主义教育思想的产生，源于对现代科学发展中人对科学产品的使用和在智能化时代发展过程中人的价值的丧失的思考。

进入 20 世纪后，随着科学技术的快速发展，科学主义成为当代教育发展的主流。20世纪 50 年代的教育改革中，各种教学思想、教学观点层出不穷，也正是在科学技术不断发展的影响下，人类社会的生产生活方式和模式发生了很大的变化，科学改变生活，对人们启发很大，人们依赖科技，也会越来越受制于科技，因此在教育层面，人们也越来越强调"人本主义"。现代人本主义强调，应将人类从依赖科技中解放出来，恢复人在世界中的本体地位，而非依附于科技发展。

从社会发展中人的主体地位的体现到教育领域中对作为学习者、施教者的教学活动参与主体的"人"的重视，"以人为本"思想在包括教育在内的各个领域得到重视。教育教学中的"以人为本"教学理念旨在将教学活动参与者从传统教学状态中解脱出来，恢复人的教学主体地位，强调了"人"的重要性。在教学中，真正关注教师、学生自我的健康、可持续发展。

2. "以人为本"的教学观点

"以人为本"肯定了人在教育中的重要作用,在教育教学实践的广泛应用过程中,体育教育工作者和许多学者逐渐总结概括出了以下几个观点:

(1)教育的目的是促进师生自我实现。首先,在体育教学中,学生的自我实现是要促进学生的身体、心理、智能、社会性等全方面的自我发展,让每一个学生都能通过体育教学有所进步。体育具有多元教育价值,通过体育教学能促进学生的各种素质的综合发展。在"以人为本"的基础性理论的支持下,体育教育强调了在体育教学中不仅要重视健康知识和运动技能的学习,还要通过科学的体育教学环境创设和教学过程安排来促进学生的心理、情感、智慧、社会性发展,使学生情感和智力有机结合。一位教育学家认为,体育教育的一个重要教学任务就是在体育教学中促进学生的认知与情感的共同进步与发展,通过体育教学,发掘和发挥每一个学生的学习潜能,培养学生在各个方面的创造性,最终所培养出来的学生应具有创新、创造意识与能力,这样的人才是社会真正需要的人才。其次,在体育教学中,教师的自我实现最基本的就是能创造性地完成体育教学任务,在教学中实现作为教师的这一角色的价值,通过体育教学培养出适合社会发展的合格人才,促进学生的发展与进步。同时,在体育教学中,通过对体育教学的科学设计与各种丰富多彩的体育教学活动的开展和教学媒介的应用来提高自己的教学能力、组织能力、社交能力、科研能力、创造力等,促进自我综合教学能力和体育素养的不断提高,实现自我职业生涯的不断发展,并能在日常工作和生活中,身体力行地从事体育健身锻炼,不断提高自身的身体健康水平,并能对学生和周围的人形成一种潜移默化的影响。

(2)课程安排应尊重学生的自由发展。在人本教育理念产生之前,传统的教育侧重社会价值和工具价值,人们认识到了传统工具化教育是对其本质属性的违背,必须认识到,人是教育的出发点,人本教育将教育的重点落实到人身上,关注人的健康成长。体育教学所面对的教学对象是人,每一个人都与其他人存在个体差异,教育不是为了"批量生产人才",而是旨在促进每一个人健康全面发展的基础上的个性化发展,因此,体育教学应在统一要求的基础上做到因材施教,教师必须要尽可能实现多种多样、侧重点不同的教学课程设计,使每一个学生都能在体育教学中有所进步与成长,通过科学的体育教学活动组织与引导,培养出个性化的人才。

(3)教学方法的选用应重视学生情感体验。人本主义教学理论强调"以人为本",主张教学以学生为中心,实现个性化发展,而学生的这种发展都是从学习经验中体悟和实现的,因此,这就要求体育教学中应重视科学化体育教学方法的选择,激发学生的体育学习兴趣，为学生创造良好的学习体验。在"弘扬人的个性，强调以人为中心，尊重人的情感体验"的现代体育教学中，体育教师应全面了解学生、充分尊重学生、真正理解和信任学生，在此基础上，才有助于教师与学生构建和谐的师生关系。而良好的师生关系的建立对于体育教学活动的顺利开展具有非常重要的意义。可以说，学生对体育学习的态度、个人爱好、获得学分是重要动机，来自教师的个人魅力因素也具有重要影响。此外，师生和谐关系的建立也有助于教学活动中师生能够更好地配合，从而提高体育教学的质量。

（二）"以人为本"理念的高校体育教学

1. 重新定位体育教育价值

长期以来，人们总是在理解体育科学化的基础上，常常采用生物学的观点来对学校体育的价值做出判断，并且过多地关注学校体育"增强体质"的功能。此外，在对体育运动的本质理解上，一些教师存在一定的偏差，以足球运动教学为例，我国体育教材普遍将足球运动确定为"是以脚支配球为主，两个队在同一场地内进行攻守的体育运动项目"，针对此概念，有教师认为，"球"是活动争夺的目标，自然应该处于主体地位，因此也就忽视了"球"要受制于人，"人"才是整个体育活动中的活动主体。

在全球化的发展背景下，各种思想文化处在不断的发展和融合之中，教育思想也呈现出这一发展趋势，人本理论和"以人为本"教育理念的提出体现了当代社会对人的发展的重视，在体育教育教学领域，学校体育的根本出发点和落脚点应是"育人"。

现代高校体育教学中，"以人为本"教学理念是符合当前时代发展要求的。当前社会，人的发展在社会的各个领域受到了重视，即使是在智能时代，很多机器生产代替了人工生产，但是发明机器、操控机器的还是人，人在人类社会的发展中是起到关键作用的，任何时候都不能忽视人的作用。人本主义教学理念与思想指导下的体育教学，就是要求教育者在体育教学活动开展过程中关注作为教学对象的学生这一因素，教师教学活动的开展需要学生的参与、配合，如果没有学生的参与，教学活动就没有开展的意义了。必须提出的是，教师也是教学活动中非常重要的参与方，也是应该受到关注的人这一要素。体育教师在教学活动中所发挥的作用也不容忽视。

现阶段，我国的体育教学思想呈现出多元化的发展趋势，诸多教学思想都围绕"人"的教育展开论述，讨论了体育教学中如何更好地促进和实现"人"的发展。

2. 体育教学目标的重构

随着体育教学的不断发展，新的科学化的教学理论、教学理念给了体育教育工作者更多的教育启发与指导,体育教学的育人作用被不断丰富和发展,多元化的学校体育价值体系对体育教学目标重构提出了要求。

随着"以人为本"教育理念在学校不同学科的教学中广泛应用并渗透,也有越来越多的学者认识到,不能单纯地追求学生的外在技能水平,而应该重视学生的全面、健康、可持续发展。当前的体育教学的重点应转移到"以人为本"上,在体育教学中,教师必须认识到,人是运动的参与者、是运动的主体,体育运动的教学和训练也必须以促进人的全面发展为根本目标。

3. 学生教学主体观的建立

现阶段,"以人为本"教学理念成为我国体育教学的重要教学理念,我国的体育教学实践活动开展过程中,越来越多的教师开始关注学生,从学生的特点、条件、基础和学习需要出发来选择教学内容、教学方法、教学组织形式与教学模式。高校体育更多以选修课形式设置,教师也正是通过个人教学能力和对学生的"因材施教"、关心关爱学生、研究学生获得学生喜欢,以此来促进更多的学生来选修自己的体育课程。总之,学生是教学的主体,没有学生,教学也就不复存在。

4. 体育课程内容的优选

传统体育教学对学生的全面健康发展关注不够,体育教学课程内容主要是竞技体育运动技能,体育教学课通常被体能训练课、技能训练课代替,"以人为本"教学理念重视学生的全面、健康、个性化发展,在体育教学内容选择上,也更加科学。

在"以人为本"教学理念指导下,我国的体育教学有了很大的进步与发展,为了进一步促进我国体育教学的改革,教育部门先后修订各级学校体育教学大纲,强调在体育教学中要不断丰富体育教学内容,通过多样化教学内容旨在促进学生的身心健康与全面发展。高校体育教学中,教学活动的开展也建立在落实"健康第一"教学理念的基础上,通过丰富的体育教学内容来吸引学生参与体育运动,通过体育教学促进学生身心健康发展,此外,在丰富高校体育教学内容的同时,"以人为本"教学理念还强调体育教学内容与不同大学生的发展需求的相适应,在体育教学内容优选中应注意以下几点要求。

(1)突出体育教学内容的趣味性,在课程改革过程中,激发学生学习的兴趣。

(2)强调体育教学内容的健身性,过度强调竞技技术提高的体育教学内容予以摒弃或改编,使之能更好地为促进高校大学生的身体健康服务。

(3)重视体育教学内容的适用性,体育教学内容的教学实施应有利于学生当前的身体健康发展,并能为高校大学生的终身体育意识和体育能力的培养奠定基础。

（4）关注体育教学内容的创新性，高校体育教学内容还应适应现代社会发展潮流，应具有启发性、创新性，促进高校大学生的创新意识和能力培养。

二、"健康第一"教学理念

（一）"健康第一"教学理念概述

1. "健康第一"的理论依据

从世界范围来看，"健康第一"教学理念的提出是符合世界教育发展趋势和社会人才发展要求的。

（1）世界范围内对人类健康发展的重视。在人类社会的发展历程中，健康始终是一个备受关注的课题。人类健康是推动人类社会发展的一个必要条件。随着国际的大众健康交流日益增多，各国和地区都非常重视本国和地区的大众健康发展，整个社会已对体育的功能、价值等方面形成了全新的认识，在教育领域，重视学生的健康发展，成为各个国家和地区重视本国体育事业和教育事业发展的一个重中之重，体育健康教育对增强青少年体质，通过青少年群体影响周围群众健康、实现青少年进入社会间接增进社会大众健康具有重要而深远的影响。

（2）社会发展对人才健康发展的客观要求。随着科学科技的不断进步、经济迅速发展、社会生活节奏日益加快，人类的体力劳动越来越少了，长时间伏案工作所造成的"运动不足""肌肉饥饿"严重影响了人们的身体健康。在当前和未来社会的发展过程中，健康问题将始终是影响个人和社会发展的一个要问题，社会的快速发展与激烈竞争要求现代人才不仅要有正确的政治思想，具备扎实的科学知识和能力，还必须具备强健的体魄，身体健康是个体生活、学习、工作的基础，如果没有一个健康的身体，则很难在社会劳动力竞争中占据优势，社会竞争对劳动力的基本要求就是身体健康。要想在竞争中立于不败之地，必须首先拥有一个健康的体魄。教育的最终目的是促进个人的健康发展、培养符合社会发展的合格人才，对学生群体的身体健康教育是体育健康教育的重中之重。

2. "健康第一"的教育特点

（1）强调身体健康是健康的基础。"健康第一"，其中所提到的"健康"是全面的健康，是包括身体健康、心理健康、社会健康等在内的多维健康，健康的基础是身体健康。健康的体魄是人类发展的基本标志。教育应首先关注健康教育。

（2）强调多元健康发展的素质教育。"健康第一"作为一个现阶段重要的先进教育理念的提出，强调体育教育应重视学生的健康发展，指出学校教育教学的首要目标是促进学生的健康成长。

（3）强调健康教育的全面性。首先是学生身体健康教育，在"健康第一"思想指导下，高校体育教学应时刻关注学生的各方面健康的综合发展，通过体育教学，关注和促进学生的身体健康发展，也促进学生的心理和社会性的发展，为学生奠定良好的身体基础、心理基础，并能在走出校园走进社会之后能有良好的身心健康状态应对生活、工作、再教育中的各种挑战。其次是学生心理健康教育，社会生活中的每一个成员都应具备良好的心理素质，如此才能正确地看待、应付学习、生活、就业等过程中的各种问题。因此，教育关注学生心理健康非常必要。体育具有促进运动者健康心理形成和发展的重要作用，现代大学生压力大，高校体育教育应关注大学生的心理健康发展，通过体育教学活动的开展，促进大学生心理健康发展。最后还有学生社会性发展教育，体育是一种独特的教育形式，学校体育教育可促进学生良好的社会性发展，应该在教学中有意识地培养学生的人际关系建立、竞争与合作能力。因此，在高校体育教学活动开展中，深入挖掘体育的教育价值，在体育教学实践中充分贯彻"健康第一"的教育理念，切实促进学生身心健康、全面发展。

（二）"健康第一"理念的高校体育教学

1.树立体育教育新观念

"健康第一"教学理念对我国的体育教育最重要的影响就是教育重点和方向的转变，新时期，贯彻"健康第一"教学理念，就必须转变体育教育观念，改变竞技化体育教育，关注学生身心健康发展。应该把教育的重心从单纯地追求学生的外在技能水平向追求学生的全面协调发展转移。不断强化高校体育教育教学改革，必须落实健康教育，每一个高校、每一个高校体育教育工作者，都应该形成正确的体育价值观、培养良好的意志品质，不断完善性格特征。总之，现代科学化的体育教育应该将体育教育工作理念从以往单纯的"增强体质"为主转移到"健康第一"的新型教育观、发展观。现阶段，社会发展对人才的要求是全面化的，一名合格的社会人才应该是健康发展的人才，身体健康、心理健康、社会性健康等，缺一不可。

2.明确体育健康教学目标

在当前的体育教育教学实践中，"育人"是学校体育教学工作的最根本目标，技术教育和体制教育并不能完全作为学校体育实践的重心，"健康第一"的教育理念为促进我国高校体育目标多样性、多层次的建构提出了新的要求。具体如下。

第一，高校体育教育应重视加强学生的体育文化知识教育，提高学生体育文化素养。

第二，高校体育教育应充分融合健康、卫生、保健、美育等多种教育内容，通过内容全面的体育教育来培养学生健康的体育意识、健康的娱乐休闲习惯，远离可能影响个人身体健康的一切不健康因素和事件的影响。

第三，高校的体育教育工作的开展应紧密结合学生生长发育与生活实际开展健康教育，使学生会自我保护，预防疾病发生。

第四，高校体育教育应重视大学生青春期教育和心理健康教育，作为健康教育的重要内容来抓好，为学生在特殊时期的健康成长提供科学指导。

3. 完善体育教学课程体系

深化高校体育教学课程体系改革是促进高校体育教学发展的一个重要和有效途径，要贯彻落实"健康第一"体育教学理念，就必须在体育教学课程体系建设方面做好工作，不断丰富体育教学课程体系内容，以更好地满足当前高校大学生的多元化、个性化的体育健康发展需求。在"健康第一"教育理念影响下，我国的高校体育教学课程现状发生了很大的改变，如：体育课程内容的增加，教学方法的不断丰富，学校体育课内与课外活动的有机结合，体育选修课越来越考虑大学生的学习爱好与需要，体育课程与内容设置针对不同专业学生凸显出了专业特点等。

现阶段，要继续贯彻"健康第一"教学理念，建设更加完善的体育教学课程体系，应持续做好以下工作：

第一，在高校体育教学中，应始终坚持以学生为主体，将学生的身心健康发展放在首位，所有教学活动的开展都应围绕促进学生的健康发展服务。

第二，调整体育教学内容，充分了解学生的特点和需求，对体育教学大纲所规定的教学内容进行科学选择，对于本校实际教学情况和本校学生不适合的教学内容进行调整，使体育教学内容能更好地从理论落实到教学活动实践中。

第三，丰富体育教学内容。通过丰富的体育教学内容吸引高校大学生的体育学习与体育参与兴趣，通过丰富的体育教学内容满足大学生的不同体育学习需求。

第四，重视教学内容的因地制宜，根据本地区气候、资源以及学校自身教学特点来进行特色化的体育教学课程设置，并研究推出更能反映本校学生健康发展的健康检测内容与标准。

第五，重视高校大学生课内体育教育与课外体育活动的有机结合，加强体育课对学生的教育意义和提高学生对体育课的兴趣，并使学生养成科学合理的作息习惯、健身习惯，在课余时间也能科学健身，保持健康的生活方式。

4. 重视体育教学方法优化

良好的体育教学效果的开展受到体育教学方法是否正确的影响，在高校体育教学中，有很多体育教学方法可以供教师选择，不同的体育教学方法有不同的特点，同一种体育教学内容可通过多种教学方法展现给学生，体育教师应该判断出哪一种教学方法是最合适的，这样可以促进教学方法应用的最优化，进而促进体育教学效果的最优化。重视体育教学方法优化，要求体育教师具有良好的体育教学能力，有能科学选择各种教学方法、有效应用各种教学方法的能力。

5. 教学评价体系的完善

在"健康第一"思想的影响下，体育教学的评价应以学生的体质增强、身心健康发展为重要评价指标，完善体育教学评价体系。"健康第一"教学理念指导下的高校体育教学评价体系的科学化构建与完善，具体要求如下：

第一，对学生的全面评价中，要重视对多方面的教学效果进行量化分析，并且将定性评价和定量评价相结合，提高教学评价的科学性，促进学生能更好地认识自身的不足以及获得学习的动力。

第二，对学生的全面评价中，要做到评价内容的全面、评价指标的全面、评价方法的全面，还有尽量做到邀请不同的评价主体进行评价。

第三，体育教学不仅注重对学生进行全面的评价，还注重对教师教学方面的评价。

三、"终身教育"教学理念

（一）"终身教育"教学理念概述

1. "终身教育"的基本内涵

"终身教育"教育思想的形成是人类自身和社会发展的必然产物。终身体育包括两个方面的内容：一是终身教育贯彻人的一生，从出生开始一直延续到生命的结束，在人的一生中，都应养成参加体育锻炼的习惯，体育是日常生活的重要组成部分；二是终身体育是科学的体育教育，在人的一生中的不同阶段，都有正确的价值观念来指导和引导个体参加体育活动，并通过体育活动的参加实现身体的健康发展，终身受益。具体可以从以下几方面来理解终身体育：①时间方面，贯穿于人的一生；②内容方面，项目丰富多样，选择性强；③人员方面，面向社会全体公民；④教育方面，旨在提高全民体质健康水平。

学校"终身教育"教学思想的树立和形成能有效促进我国体育教学的发展，是所有运动项目的体育教学都应该树立的一个正确的教学思想和观念。要切实推动终身体育教育理念在高校的贯彻落实，教师在推动"终身教育"教育思想的落实方面具有非常重要的责任与作用。调查发现，在学生对于体育运动的参与方面，有很多学生受到教师的影响，特别是教师业务水平的影响，教师应在教学中和课堂外都提倡学生积极参与体育锻炼。

在体育课堂教学中，教师应关注学生终身体育意识和能力培养，不能只关注和过于重视技术、技能教学。在体育课堂外，教师可以组织学生开展各种体育活动、体育游戏，对高校大学生体育俱乐部活动的开展，教师应鼓励，并给出指导性意见和建议。

2."终身教育"的思想特征

（1）体育锻炼时间的终身性。"终身教育"是一种先进的教育理念，其最为重要的一点就是它可以令个体一生受益。从教育功能作用于个体的影响来看，"终身教育"突破了传统的学校体育目标过分强调学习和掌握运动技能的观念，打破了传统的体育教学把人接受体育教育的时间仅仅局限在校学习期间，而是将体育教育时间大大延长，囊括了人的一生。"终身教育"理念强调体育教学应符合学生生长发育、心理健康发育的客观规律，以及健身的长久性，注重培养学生对体育的爱好、兴趣，养成锻炼的习惯和能力，强调体育的终身参与、终身受益。

（2）体育锻炼群体的全民性。"终身教育"的体育对象指接受终身体育的所有人，每一个社会成员都应该积极参与，"终身教育"是面向全体社会成员的，从学生在学校体育教学中逐渐培养起体育锻炼意识到走出校门走进社会之后能持续参与体育锻炼，为以后的整个人生参与体育锻炼奠定良好的基础。因此，终身体育教育的主体并不局限于在校学生，而是面向所有民众，应做到全民积极、主动参与。从一种体育发展理念演变为一种体育教育理念，"终身教育"理念的教育对象是面向整个人类社会成员的，"终身教育"不仅仅局限于学生，也包括社会大众。体育教育是一个需要长期坚持的系统工程，生存、健康是社会和时代发展主流，健康是人们生存、生活的重要基础，体育健身与生活是密不可分的。因此，无论个体的年龄、社会身份发生怎样的变化，都应该成为"终身教育"的教育对象。

（3）体育锻炼目的的实效性。"终身教育"是以适应个人发展和社会发展为根本着眼点的。因此，终身体育参与必须要做到因地制宜，因人而异，不同的人应结合自己实际选择具体的锻炼内容、方式、方法等，同时，应融入日常的生活、学习、工作中。在现代社会生活中，人们为了改善自己的生活质量，根据自身条件合理选择适合自己的体育方式，做到有的放矢，具有较强的针对性和实效性。

在高校体育教育教学中，体育教学的内容选择、方法运用都应为提高学生的体育知识、体育技能服务，不断提高学生的终身体育意识和终身体育能力，因此，在大学生毕业进入社会后，也能持续参与体育健身锻炼。

3."终身教育"与体育教育

（1）终身体育与学校体育的相同点

①共同的体育目标——育人。体育具有多元教育价值，无论是终身体育参与还是体育教育的体育活动参与，其最终目标都是为了实现体育运动者的体育、智育、德育、美育等多元教育价值，更好地促进运动参与者的健康全面发展。

健康的身体是其他健康的前提条件，学校体育教学就是要培养学生的终身体育意识与能力，以为其健康的一生更好地实现个人价值和社会价值奠定健康基础。

②共同的体育手段——健身。终身体育活动参与和体育教育都是通过体育运动健身参与来实现体育的教育价值的，最终的个体行为也都落实在体育健身活动上面，终身体育强调个体应养成终身参与体育锻炼的习惯，在人生的每一个阶段都积极参与体育健身锻炼。体育教学以学生的身体练习为主要教学手段，通过身体活动促进身心、社会性全面发展。

③共同的体育任务——掌握体育知识，提高运动能力。个体的终身体育健身参与，离不开科学体育知识做指导，离不开体育健身锻炼实践活动参与，而同时，体育知识与体育技能的掌握，也是高校体育教学的重要任务，只有掌握这两方面的内容，才能更加科学地去从事体育健身实践活动，才能通过身体力行的体育活动参与实现运动者身心健康的全面发展。

（2）终身体育与学校体育的区别。首先是体育参与时限不同，终身体育贯穿人的一生，学校体育只负责学生在校期间的体育教育。其次是体育教育对象不同，终身体育以全社会所有成员为教育对象，学校体育以在校学生为教育对象。

（二）"终身教育"理念的高校体育教学

1.转变传统体育教学思想

"终身教育"教学思想指导下的高校体育教学，应该在体育教学内容、体育教学方法、体育教学评价等各方面都要做到以培养和提高学生的体育终身意识和能力为标准，通过与学生日常生活、学习、工作关系更密切、关联程度更大的体育项目教学，培养学生的运动习惯，而不是仅仅关注学生的运动技能的掌握情况。

高校体育教育教学过程中，教师应将体育教学达标标准的制订从单纯和过度关注技能指标的思想观念中解放出来，关注学生的体育价值观、体育态度、体育意识、体育行为习惯，如此才能真正有针对性地开展体育教学，才能真正实现终身体育教育。"终身教育"教学理念是高校体育教学改革的指导思想，也是高校体育教学发展的落脚点。

2. 重视学生终身体育意识的培养

个体的体育活动参与行为的实现，必须建立在对"终身教育"教育理念有一个正确的认识的基础上，"终身教育"意识是高校大学生主动进行体育学习、体育参与的重要内部驱动力和动机。

当前社会，生活节奏快，每一个人都面临着各种各样的生理和心理负担，要获得高质量的生活，就必须确保身心健康发展，体育运动能有效促进运动者的身心保持良好的状态，终身体育对于学生的身心素质发展具有重要的促进作用。学生走进社会之后，在社会上面临的各种压力并不比学生时代少，甚至要更多，体育健身锻炼是一种身心压力释放、身心健康状态重塑的过程，对运动者保持良好身心状态迎接生活、学习、工作挑战是非常重要的，可以有效提高个人生活质量，提高学习、工作效率。终身体育活动参与对于个人的社会性发展是具有重要的促进作用的，大学生坚持体育健身锻炼，能有效增强身心适应能力，可以在毕业步入社会后更好地适应社会，提高自己的抗击压力的能力。现代高校体育教学实践中，要培养学生的终身体育意识，要求教师应做好以下教育引导工作：

第一，引导学生树立正确的体育价值观。

第二，端正体育学习态度。

第三，将素质、技能、知识、能力等教育内容渗透到终身体育教育中。

第四，通过体育教学丰富学生的体育知识、体育技能，提高终身体育参与能力，为终身体育锻炼奠定基础。

3. 丰富终身体育教学内容的设置

学生的个体差异性决定了学生的体育兴趣爱好不同、所适合从事的体育运动项目不同、所渴望学习的体育运动知识与技能不同，因此，在高校体育教学中，不能只追求学生某一特定的运动技能和运动的熟练程度，而是重视不同学生的不同体育发展需求，尽可能地丰富体育教学内容，使体育教学内容项目、层次多样化。"终身教育"教学理念指导下的体育教学内容丰富化的教学工作要求如下：

第一，延伸与拓展学校体育课堂教学，使学校体育向终身体育延伸。

第二，不同教学内容的课程目标设置应在充分了解与分析学生现状的基础上进行，以体育课程终身体育教学目标为导向组织体育教学。

第三，选用体育课程内容时，应重视对休闲体育项目、时尚体育项目的引进，开展能够激发学生体育兴趣和潜能的体育活动。

4.关注学生需求与社会需求的统一

"终身教育"旨在为学生提供一种健康的生活态度与生活方式。对于任何人来说，身体健康都是个体适应现代社会生活、工作、发展的必要条件。高校体育教育的终身体育教育理念的贯彻，就是要在培养符合社会发展的合格人才的基础上，促进学生的个性化发展，实现学生的社会价值与个人价值的共同发展。高校终身体育教育对学生需求与社会需求的统一性的实现，要求应做好以下工作：

第一，重视国家需要、社会需要与学生个体需要的有机结合。

第二，明确学生需要与社会需要的彼此地位。这是正确处理学校体育发展与社会需要适配性的关键问题。

第三，重视体育教育的健身价值与人文价值的实现，重视体育知识、体育技能、体育习惯的共同培养。

第四，围绕学生开展体育教学，充分满足学生的学习和发展需求。

第五，全面提高大学生的体育素养，以符合社会发展对人才的体质、体能、知识、精神、道德要求。

"终身教育"有四个支柱，即"学会认知、学会做事、学会生活、学会生存"，但应充分考虑"终身教育"与"以人为本""健康第一"的有机结合。

四、体育教学理念创新的注意事项

（一）加强体育、卫生、美育、心理健康教育

体育教育是一种以体育为主的全面教育，在体育教学中，应加强体育、卫生、美育等教育的充分结合，加强学生的多元和多方面的体育教育，注意以下几点。

第一，学生参与体育活动，必须注重营养，养成讲卫生的好习惯，高校体育教育教学应将学生的多方面体育教育综合起来施教。高校体育教学中，应加强对学生的营养指导，让学生了解有关营养、卫生保健的知识。

第二，高校体育教学中，应加强对学生的美育教育。美育不仅能陶冶和提高学生的修养，而且有助于开发他们的智力。体育是健与美的有机结合，寓美育于体育之中，提高学生对体育的兴趣，增强学生的体育学习的情感体验，提高学生的审美、创造美的能力。

第三，高校体育教学中，应加强对学生的卫生保健教育，并应紧密结合学生的生长发育与生活实际来开展健康教育，使学生会自我保护，促进自我健康成长发育。加强对学生的心理健康教育，把学生青春期教育和心理健康教育作为健康教育的重要内容来抓。

（二）综合培养学生的体育健康意识

健康的意识、知识、方法、技能对每一个参与体育锻炼的人来说都非常重要，开展高校体育教学活动，要真正促进学生的健康，就必须将体育教学活动与学生当前和日后的日常生活与工作密切结合起来，使体育意识演变成体育习惯，并落实成体育行为，在以后的发展过程中，都能通过体育运动参与来更好地促进生活和工作的发展，如此就将体育知识、技能转化为学生自觉的行动基础。通过体育教学中对学生的体育健康知识、锻炼方法、运动技能等的传授，使学生能自主参与体育锻炼，并对自我体育锻炼效果进行正确评价，进而不断改进与完善体育锻炼。

首先，结合学生实际选择体育教材。活动适量，不应矫枉过正，并加强学生体育课外活动指导。其次，组织开展多种体育比赛。展开与体育相关的各学科的教育，如运动学、心理学、营养学、保健学等，坚持以运动技术为主，注重一专多能。体育运动项目的开展要和社会体育资源相结合，不断提高学生参与体育的运动能力。

（三）实现多元教学理念的相互促进

在教育教学的发展过程中，出现了许多先进的体育教学理论和教学思想，这些教学理论和教学思想在不同的历史时期，对教育教学实践具有重要的促进和推动作用，而且在同一时期可能会有几个教学理论和教学思想同时对教育教学实践发挥着影响作用，只是一些教学理论和教学思想起着主导影响作用，另一些则起着次要的影响作用。

体育方面的教学思想有很多，各种不同的体育教学理念具有其优点，也有不足之处，不同的体育教学理念相互影响，不同的体育教学思想可能相互补充，也可能存在冲突的地方，教师在体育教学活动开展中，应注重对具体的体育教学实际进行分析，在坚持"以人为本""健康第一""终身体育"的三个主要教学理念的指导下，各种教学活动安排都应该充分体现出这三个教学理念中的一个或几个，如此才能切实促进学生身心健康的全面发展。各种不同的体育教学理念也可相互借鉴，取进步内容丰富完善自我教育理念内涵，对不足之处予以改正，或者用其他更加与体育教学实践贴近的体育教学理论和思想予以补充，例如：有利于人性发展的观点值得吸取，但可能放任教学内容泛滥应坚决摒弃；运动技术技能教学思想的落实可有效促进学生对体育运动技能的掌握，但容易过分强调技能水平而忽视学生身心发展规律，对此教师应格外重视。在当前体育教育教学的发展过程中，"以人为本""健康第一""终身体育"都是先进的体育教学理念，对体育教学实践具有重要的指导和促进作用。

现代体育教育教学实践中，新的体育教学理念要求体育教学应关注学生发展、充分重视学生的体验，让学生在愉悦的体育教学氛围中能积极主动地参与体育活动、进行体育学习，同时，新的体育教学理念还重视对学生终身锻炼的习惯进行培养，使学生在体育中养成积极健康的生活方式，进而促进学生的全面、长期、持续发展。新的教学理念中的"以人为本""健康第一""终身体育"是相互促进，互为补充的，通过这些体育教学理念对体育教学实践的共同的教学指导，能真正实现体育教育对学生的全面健康发展的促进。

现阶段，要实现体育的多元教育功能，促进学生、教师、体育教育的科学发展，就必须综合实现"以人为本""健康第一""终身体育"的相互促进和对体育教学实践的共同启发与指导价值，以不断完善体育教学，通过体育活动最终实现人的可持续发展。

（四）提高教师队伍的综合素质

在体育教学实践中，体育教师发挥着重要的主导作用，体育教学理念在体育教学实践中的贯彻实施需要体育教师去执行，提高高校体育教师队伍人员的综合素质有利于更好地在体育教学中发挥先进的体育教学理念的作用。现阶段，要促进先进体育教学理念对体育教学实践的指导，提升体育教师素质，应注意做好以下工作。

第一，一名合格的体育教师应具备良好的体育文化素养，掌握丰富的体育文化知识、理论知识。教师要丰富自我文化素养，不仅要重视对体育学科知识与理论的学习，还要重视对体育相关学科知识的学习，以不断丰富自我知识结构。

第二，重视体育教师的综合教学素质、体育素养的提高。通过培训、学术交流、体育文化活动参与等不断促进体育教师熟知信息科学，通过对多方面的科学发展规律，如生命科学，环境科学、教育科学、传播学等知识的学习，掌握不同活动发展的规律，来为体育教学活动开展提供理论指导。

第三，加强树立终身学习意识，体育教师要落实终身体育，自己要先有足够的体育学习与参与意识，并形成体育健身习惯，教师必须为人师表，作出表率，才能为学生积极参与体育健身锻炼树立一个良好的形象与榜样。

第四，鼓励体育教师积极参与体育科研，体育教学实践活动的开展离不开具体理论的指导，体育教师提高科研能力，有利于更敏锐地在体育教学中发现问题、分析问题、解决问题，从而促进体育教学的不断完善。

第二节　高校学生创造力的培养和开发

一、人的创造和创造力开发

（一）创造是智力因素和非智力因素的结晶

创造是人类区别于动物的基本特征和标志之一。随着现代科学技术与经济的快速发展，人类对科技人才创造力的培养与开发提出了更高的要求。也对我国培养 21 世纪的人才提出了迫切的要求。在要求中，除对学校教育明确提出了要培养学生"科学的世界观和人生观""坚韧不拔的意志，艰苦奋斗的精神""获取新知识的能力""分析和解决问题的能力""语言文字表达能力""团结协作和社会活动的能力""竞争意识、合作精神"等核心技能与要求之外，还把创新精神和实践能力的培养放到了非常重要的位置。

智力是人们在认识客观事物的过程中所形成的认知方面的稳定心理特点和综合，研究结果发现它与创造力的关系并不完全一致。有的结果发现创造力高者智力未必高，或智力高者创造力未必高；有的结果发现智力低创造力必低；还有的结果发现创造力与智力的相关高低随着测量性质的变化而变化。智力高的人虽然可能比智力低的人更有创造性，但高的智力并不是创造力的充分必要条件。很多智力水平高的人也没有不同寻常的创造力，但却并不能保证总是如此。

非智力因素则有广义和狭义之分。从广义的角度说，凡是智力因素以外的心理因素，甚至道德品质都是非智力因素；从狭义的因素看，常常只把动机、兴趣、情感、意志、性格五个心理因素包含在非智力因素之内。创造力高的人常常具有特定的个性特征，如独立性强、自信、常常被复杂性所吸引、富有责任感、感情丰富、有决心、勤奋、富于想象力力、依赖性小、幽默、爱自学、愿意尝试困难工作、好冒险、有强烈的好奇心、能自我观察、兴趣广泛、爱好沉思、不盲从，等等。显然，取得卓越成就所要求的不仅是较高的智力，更重要的是非智力因素。

个体的智力因素和非智力因素的发展，总是紧密联系、互相制约的。智力因素可以促进非智力因素的发展，例如：观察力发展中敏捷性的提高，思维力发展中探索性培养，想象力发展中独特性等。反之，非智力因素也可以促进智力活动过程，它可以强化创造意识，激发创造热情，从而为智力活动的顺利进行提供动力，为智力因素的发展创造条件。因此可以说，创造是智力因素和非智力因素的结晶。

（二）创造是显意识和潜意识的交融

精神分析学派认为，人所意识到的仅仅是人的整个精神活动中位于心理表层的一个很小的部分，即显意识，而人的大部分精神活动则存在于心理的深层次，次往往意识不到，属于潜意识范畴。潜意识是自身意识不到并不能加以控制的意识，它包括各种各样的先天的本能和后天长期积累起来的储存在头脑中的知识经验。

现代心理学研究表明，创造是显意识和潜意识高度统一的产物。因此，整个创造活动都是由意识控制着。可以说，在创造活动进行而无明确结果时，在创造的冥思苦想尚未获得某种启示而黯然顿悟之前，确实存在着一种"潜意识"状态。可见，创造是显意识与潜意识交融的过程。潜意识是人类重要的意识库，人的绝大部分消息，就以这种形式深藏在潜意识的汪洋大海里。潜意识能阻碍来自客观的大多数刺激，而让少数经过选择的刺激信息进入潜意识思维过程。由于潜意识不像显意识那样遵循着正常的逻辑轨道，它不受人的知识经验、习惯定式的影响，可以不断地、无规则地流动、跳跃、弥漫、渗透，自由地、广泛地进行联系。在创造史上由于梦幻状态中的潜意识活动而产生创造性灵感的事例是很多的。在梦中，储存在大脑中的各种信息，不受自觉意识的制约，自由地组合成各种形象，其中也许绝大多数是荒唐的，但有极少数也可能是打破了常规逻辑程序、具独创性的新的形象和消息的组合，给人以有益的创造性启示。

（三）创造是形象思维与逻辑思维的互补

人们对客观世界的认知是从感知开始的。关于客观事物整体形象的知觉就保留在人脑的记忆中形成了关于事物形象的表象。由个别事物的表象上升为一般表象，形成概念。在感性认识基础上，借助于抽象概括，将对具体事物的感性的表象上升为意象，将记忆中形象的表象作为思维材料，以联想和想象的形式对其进行再现、分析和组合，创造出新想象的思维过程与方法，就是所谓的形象思维。联想作为一种形象思维方法，也是创造活动所不可缺少的。在科学发现和技术发明活动中，人们的创造性思维有时表现为这样一种序列，即联想、类比、再造或创造性想象，最终建立起来某种认识模型或发明新产品、新技术。

尽管直觉思维、想象思维都是人们从事创造发明的思维形式和方法，但是他们本身也离不开逻辑思维的辅助和准备。没有逻辑思维能力的人是难以获得创造成果的，完全脱离逻辑思维，仅凭"灵感"或形象思维而获得科学发现或创造发明的情况更为罕见。心理学的研究表明，就思维的过程来说，逻辑思维和形象思维是不能截然分开的。在思维过程中，往往是用词语支配知觉和表象，同时又用知觉和表象来检验词语。

（四）创造是直觉思维和分析思维的有机结合

直觉思维是人脑基于有限的数据和事实，调动一切已有的知识经验，对客观事物的本质及其规律性联系做出迅速地识别、敏锐的洞察、直接的理解和整体判断的思维过程。而分析思维则是指遵循严密的逻辑思维规则，通过逐步推理得到符合逻辑的正确答案或结论的思维方式，它进行的模式是阶梯式的，步骤明确，包含着一系列严密连续的归纳或演绎过程。直觉思维有两种形式，即直觉判断和顿悟（或灵感）：直觉判断是一种自觉的思维形式，也可以说是逻辑判断的一种超常形式；顿悟或灵感则表现为自觉思维过程的中断，是在主体苦苦思考某个问题而理不出头绪，一时间不知所措，将问题暂放一边时却突然开窍，使问题获得解决的超常思维形式。

大量的思维表明，在创造活动中，直觉思维是确定研究方向、选择有前途的研究课题、识别有希望的线索、预见事物的发展过程和研究工作的可能结果、寻找解决问题的有效途径。它与分析思维相比，具有以下显著的特征：一是逻辑性；二是直接性；三是自动性。直觉思维是一个自然而然的过程，无需主体有意识地做出努力；四是快速性；五是个体性。直觉思维的主体对思维过程的各种运算、心理活动没有清晰的认识，无法向他人说明，带有很大的个体性；六是坚信感；七是或然性。由直觉思维得出的结论可能正确，也可能错误，具有或然性，需要逻辑或实践加以检验。

创造常常是在直觉思维和分析思维的密切配合、协同活动下进行的。直觉思维是在积累知识经验的基础上形成和进行的，丰富的知识经验，有助于人们触类旁通，形成深邃的直觉。直觉思维的运用，是人们对各种实践方法的运用已十分娴熟时，遇到问题几乎无需有意识的选择，就能随机应变。直觉思维实际上是分析思维的高度压缩、简化、自动化和内化。另一方面，直觉思维和分析思维各有所长，也各有所短。创造就是直觉思维和分析思维有机结合、协同活动的结果。

（五）创造是左脑和右脑两半球的沟通

人脑左右两半球在功能上是高度分化的，左半球主要是处理言语，进行抽象逻辑思维、集中思维、分析思维的中枢，其操作是串行的、继时的信息处理，是收敛性的因果式的思考方式。而右半球则主要是处理表象，进行具体形象思维、求异思维、直觉思维的中枢，具有非连续性、弥漫性、整体性等功能，其操作是并行的、空间的信息处理，是发散性的非因果式的思考方式。这就使得两半球总是息息相通、高度统一协调，构成了一个统一的控制系统。有研究表明，胼胝体"缺失"，会阻碍人脑左半球中专门化的非言语和空间定位的正常能力，同时左半球的言语和意志活动能力也会受到极大的影响。大量的研究表明，两半球在功能上不仅有分工，而且还有一定的互补能力，它们在一些具体功能上虽然存在主次之分，但都是相对而言的，而不是一种"全和无"的关系。因此，左右脑就好比是个不同类型的信息加工、控制系统，两半球间存在着密切的相辅相成、协调统一的关系，正是由于有胼胝体沟通左右两半球的这一联结功能，才会有大脑两半球的协同合作，才会形成既具有抽象的性质，又具有形象特征的"顿悟"或"灵感"，才能保证人类创造得以成功。创造的产生通常是由于采纳和使用了某些思维方式而直接导致的，而采纳和使用这些思维方式显然是超载主体元认知监控的结果。总之，创造就是产生新颖、独特、有价值的产品的过程，它是一种复杂的心理整合过程。

二、高校学生创造力的培养及开发

（一）强化内在动机

许多学者相信，创造力是可以通过训练加以提高的。有学者认为，有关创造力的理论支持，创造性思维可以培养假设。创造力与许多变量有关，在个体创造力的发展过程中，这些因素都扮演着一定的角色，因此，可以围绕这些因素来培养和开发学生的创造力。

有证据表明，在有目标的条件下，即使不指导学生如何做，他们的行为有时也会比无目标时更具有创造性。许多学者也认为，动机创造过程中扮演着非常重要的角色，有创造力的科学家与艺术家对待自己的工作常常充满激情。一个强烈希望自己有所发明创造的人，往往更可能获得发明创造的成果。虽然动机对创造力具有重要影响，但是动机有内在动机和外在动机之分，这两种类型的动机对创造力的影响是不同的。内在动机一般是出于对任务本身的兴趣，较之外在动机，内在动机对创造力发挥具有更大的影响。

（二）有利于创造的思维方式的训练

近年来出现的有关创造力的一些新的、综合的理论倾向认为，创造力是许多因素，如个体特征以及社会、文化和环境等相互作用的结果。有学者认为，创造力是由内在动机、专业知识和能力，以及与创造有关的能力构成的综合体。

在教育过程中强调基本技能的培养有助于促进学生创造力的发展。在这些计划中，培养学生的"核心技能"成为一个占主导地位的重要内容。年轻人如果要在未来把握更大的机会，就必须掌握一定的知识与技能，他们需要接受基础更为广阔的训练，需要向人展示灵活性，需要具备独立思考和行动的能力。沟通基本的计算能力、人际关系（小组工作与领导才能）、熟悉技术等核心技能。在某个领域作出创造工作的人，几乎都是该专业领域知识渊博的人，一个人如果不了解某个学科的知识，是不可能期望对该学科作出具有深远影响的创造的。专业知识在创造过程中则具有两面性：一方面，个体要把一个专业领域推向前进，就需要对这个领域有充分的了解；另一方面，对一个领域的了解，也可能导致封闭和墨守成规。一个人如果既能整体地又能部分地思考问题，对成为创造性思想者或许是有帮助的。

（三）激发学生的好奇心

好奇心是一种持久的、根深蒂固的个性特质，对一个人的生活方式有重要影响。当新奇刺激出现时，会引起人们注意，进而接近、了解事物，尝试解决"这是什么""为什么"等问题。能够促发和唤起创造的好奇心，不愿意把什么事物都当成既定事实而不加批判地接受，而是强烈要求得到解释。许多研究认为，从不同的角度尤其是从新奇的、不同寻常的角度思考问题的能力，以及改变自己思考角度的意愿与能力，是创造性思维非常重要的一个方面。或许有些人对周围世界的好奇心天生就比别人强，但是，所有儿童都有好奇心，他们到成年阶段能不能把这种好奇心保持下来，在很大程度上取决于早期生活是鼓励还是抑制这种好奇心。在课堂学习情景中激发学生好奇心的一种方法是让质疑成为日常课堂交流的一部分。教师的角色不仅仅是向学生传授事实知识，而是要帮助学生理解他们的任务是培养应用知识的能力，帮助学生学会如何形成一个好的问题以及如何回答问题。

学生在本质上是一个质疑者，他们应用这一技能适应变化的复杂世界，学生是否能够继续提问，在很大程度上取决于教师对他们问题的响应。教师的响应方式可以分成若干种不同的水平，它们对学生智能发展的功能是不同的，响应水平越高，越有助于学生智能的发展。

第三节　教学创新与人的思维特征

一、教学创新与实践

（一）实践是创新的动力

创新是一种精神，是当今时代的鲜明特征。创新理论无疑需要主体的创新意识和创新能力，但重要的还是以不断变化发展的实践为基础。现实世界体现为主观世界与客观世界的双重化，而实践则是主观世界和客观世界分化与统一的基础。在现实的实践活动中，实践的人通常是实践活动的主导者，是能动的作用者。受动性揭示的是人对自然对象的依赖性，人类的一切活动，包括创造性活动都要受制于对象世界的支配和制约。人是实践的主体，所以能够把外部的现实事物以及连同人自身都变成认识和改造的客体，主客体之间在实践活动中所以能够实现"双向的对象化"，这在很大程度上要归功于人的能动性。主观世界并不是离开客观世界而独立自存的实体，也不是一个超然于客观世界而绝对孤立自存的世界。当然，主观世界具有的特征正是这种"由己性"，使人们在心意之内随意组合、建构客体，从而使主观世界既可能表现、肯定客观世界，又可能偏离、超越客观世界。主观世界是对客观世界的反映，它在观念的形式中反映着客观世界的内容，在概念中凝结着对客观世界本质的理解。

辩证唯物主义认为，人的认识是实践和创造的统一。首先，创造是以实践为基础的。主体对客体的反应是以信息为媒介的。人们要认识事物，首先要通过认识工具的参与以及感觉器官的作用，把客体复杂的实物形态信息，转化为能被人的感官接收的具有客体特征的信息。其次，人的认识不仅具有实践性，而且具有能动的创造性。也就是说，认识是一个反映、选择和建构的过程，所谓建构，是指主体在思维中对客体信息的重构过程。主体不仅要对来自客体的信息进行选择、加工和变换，而且要按照正确反映客体的要求在大脑中把这些信息重新组合成为观念的体系。可见，建构或重组是认识过程中主体能动性和创造性的突出表现。一方面，人们可以通过实际以及认识活动把客观世界转换为主观世界；另一方面，又可以把主观世界，尤其是其中的理想存在通过实践转换为现实的存在，成为客观世界的一部分。所以我们说，实践呼唤着创新，实践也为创新提供了广阔、丰富和深厚的源泉。

只有深深扎根于实践的理论才具有生机和活力。我们要进行理论创新，就必须不断地深入实践、深入群众，要立足于现实，把群众的智慧集中起来，形成新的思想和新的理论观点。

（二）实践创新是社会发展的前提

实践活动是主体和客体之间能动而现实的双向对象化过程。因此，实践活动是实践主体和实践客体双向的相互转化、相互创造的双重化过程，是客体主体化和主体客体化的能动而现实的有机统一。哲学家说："一切动物的一切有计划地行动，都不能在自然界上打下它们意志的印记。这一点只有人才能做到。"这便是人同动物的最后的本质的区别，而造成这一区别的还是劳动。与动物相反，人却通过自己的实践创制活动让周围环境来适应自己，并且能够在自然界的基础上创造出一个适宜于人类自己生存、享受和发展的对象化的世界——"人的世界"。

受动性体现的是客体对象的制约性，而能动性所体现的则是人在对象性的实践活动中所具有的自主性、超越性。有人指出："人的思维的最本质和最切近的基础，正是人所引起的自然界的变化，而不仅仅是自然界本身；人在怎样的程度上学会改变自然界，人的智力就在怎样的程度上发展起来。"人类社会的发展是人们实践活动的产物。这个揭示和把握规律的过程，就是不断深化对客观规律的认识、不断进行理论创新的过程。理论创新是人们对自然、社会和人类自身发展规律更深刻、更完整的认识，它为人们提供科学的世界观和方法论，引导人们冲破传统观念的束缚，拓展新视野，开拓新思路，形成新认识。因此，实践基础上的理论创新是社会发展和变革的先导。

一个民族要兴旺发达，要屹立于世界民族之林，不能没有创新的理论思维。我们要顺应时代发展潮流，跟上时代前进的步伐，更需要大力推动理论创新和其他方面的创新。深入研究回答现实生活中提出的重大理论和实际问题，努力拿出更多深刻的、有分量、有说服力的思想成果，更好地为社会服务。

（三）与时俱进不断创新

实践——认识——再实践——再认识，循环往复，以至无穷的过程，也是一个不断创新的过程。作为对客观事物及其过程的观念反映，理论也应该是发展的、变化的。任何一种理论如果不发展、不前进，不能随着时代、实践和科学的发展而不断创新，就会丧失生命力，就会成为历史的陈迹，被历史所淘汰。理论与实践的关系决定了理论必须永不停止地创新，科学的理论是对它所反映的特定领域普遍的、本质的内在联系的抽象和概括，因而能覆盖、解释相应领域里的各种现象，并成为参与这一领域实践活动的指南。"太阳每天都是新的"，现实的实践永无休止地在发展，而理论常常滞后于实践，这就决定了理论在本质上应该不断地发展和创新。

在实践活动中，始终存在着遵循规范和不断创新的矛盾，能否科学合理地解决这一矛盾直接关系到实践活动的成败。一般而言，人类的实践活动总是遵循一定规范的。对旧规范的突破、新规范的建构就是人类活动的创造性表现。规范具有一定的局限性。规范即使是正确的，它也受到两个维度的制约：一是时间维度，规范是静态的，而不是趋前的；二是空间维度，规范具有排斥性，它不能容纳非规范、非常规的事物。规范的局限性说明了创新的必要性。规范无疑对现实和未来的实践活动具有重要的指导作用。因此，不能一味地用既有规范去认识或评价变化发展了的事物，去分析有多种差异的其他事物，创新是理论的生命，理论的发展是辩证，创新必须保持与时俱进的精神状态。

二、教学创新与人的思维特征

（一）人的思维与心理过程的关系

1. 思维与认知过程

思维是以注意、感知、记忆为基础的。感知获得的事物映象，只有被保存在记忆中，思维才能对保存的事物映象进行分析综合、比较分类、抽象概括，才能反映事物的本质和内在联系。注意、感知、记忆为思维活动的产生奠定了基础，思维包含着注意、感知、记忆的成分和内容。想象和思维同样属于认识过程的高级阶段，二者的区别在于认识活动中所用的各种材料不同，思维用的是抽象材料，想象用的是形象材料，思维的结果是对事物本质属性、内在联系的抽象表达，想象的结果是对事物的本质属性的内在联系的形象表达。有的心理学家把想象视为形象思维。有的认为"想象是思维活动的一种特殊形式"。

2. 人的思维与情感

思维是情感产生的基础之一，有心理学家的研究表明：对刺激的评估是情绪产生的直接原因。实验表明，情绪的产生是刺激、生理、认知因素三者整合作用的结果。学者们都认为认知、评估等思维活动对情绪的产生具有重要的作用。情绪情感一旦产生，对思维会产生反作用。而不适当的情绪情感对人的思维活动效率具有消极的作用。一般说，快乐、兴趣、喜悦之类的正情绪有助于促进认知操作活动，而恐惧、愤怒、悲哀之类的负情绪，会抑制和干扰认知操作活动。"情感对认知操作活动的积极与消极作用，还反映在情绪的强度上。一个人当情绪唤醒水平较低时，有机体得不到足够的情绪激励能量，智能操作效果不高，随着情绪唤醒水平的上升，其效果也相应提高，但唤醒水平上升到一定高度时，再继续上升，情绪激励的能量过大，使人处于过度兴奋状态，反而影响效率。"这就是反应情绪强度与认知操作活动效率之间关系的耶克斯多德森定律。

3. 人的思维与意志

意志与认识关系密切，意志依赖于认识，并以认识为前提，尤其以思维为前提，任何目的的确定，都要经过对主观需要，主观客观条件进行思维，进行可行性分析思考。思维活动中有意志的参与，是一种艰辛的脑力劳动，需要有坚强的意志做后盾，才能使思维活动确立方向，获得支持，克服困难，使认识活动获得进展。"众里寻他千百度，蓦然回首，那人却在灯火阑珊处"，正是意志支持下克服思维中的困难使思维获得突破性进展的生动描述。思维与意志虽属不同性质的心理活动，但两者关系密切，思维中有意志的参与，思维中渗透着意志。

（二）人的思维与个性的心理关系

1. 思维与个性心理特征

思维活动是思维能力形成的条件和基础，不进行思维活动，思维力无从产生和发展。思维力是个体能力结构的核心和代表，所以说思维是能力形成的重要前提之一。若无注意力，无法锁定对象。若无记忆力，信息、映象无法储存积累。思维力强，思维活动进行顺利，效率高，个体思维活动中蕴含着、形成着能力，反映着个体已有的能力状况。个体的这些基本神经过程特征，对思维活动也会造成影响。多血质气质类型的个体对所遇到的需要思考的问题，会从不同的角度来思考，能很快找到解决办法，显示出思维的灵活性、敏捷性、广阔性。胆汁质类型的个体遇到需要思考的问题，往往直情径行，只顾一点，不及其余，表现着思维的独立性、坚韧性、深刻性。个体的思维活动反映着个体气质类型的特点。

性格是个性的核心，是一个人本质属性的稳定和独特的结合，每一个体的思维活动有自己的稳定特点、习惯。有的人综合地看问题，易看到事物的整体，有些人分析与综合兼顾，二者平衡，有的人善于抽象思维，有的人善于形象思维。个体性格的理智特点一经形成，就会左右着、规范着个体思维的方向、思维的方式。所以说，思维反映着性格、形成着性格。从上述分析中可以看出，思维与个体心理特征联系密切。思维蕴含着能力、气质和性格的类型和特点。

2. 人的思维与个性倾向

任何个性倾向的产生都需要有思维的理性分析，即使是个体生理需要，也需有思维的分析、评估、判断，然后才能确立该需要，并设法满足该需要。对于尚未立业，尚有重要任务未果的青年来说，也许会把结婚需要暂时放在一边，或隐匿压抑起来，所以某些需要会不会被意识到，被确认，会不会在需要体系中占据一定位置，需有思维参与认识评判才能确定。个性倾向一旦形成，对个体的思维活动便会产生动力作用，定向作用。个性倾向是思维的动力源泉之一，从思维活动的状况，可反映出个性倾向的特点。

3. 人的思维与意识的关系

意识是人脑对于客观世界的反映，意识是客观世界的摄影、摹写，是客观世界的主观映象。意识是借助于语言实现的对客观现实的反映，通常人们把人脑对客观现实的反映统称为意识。从心理学的动态维度分，可以把心理现象划分为心理过程和个性心理；从意识性维度上分，可以把人的心理现象分成意识、无意识、社会意识、个体意识、客观意识、自我意识、元意识等等。"思维是意识的高级形态。"思维涵盖着意识的全部内容。有人指出："对于所谓外界影响不要做简单化的理解，制约心理现象的不仅有现实的外界影响，还有人所感受过的过去的外界影响的总和。"思维不仅反映着个体所处的客观现实，受客观的制约，还受着全部意识影响的制约，反映着个体意识的全部特点。

思维与意识过程的其他环节关系密切，思维与情感过程、思维与意志过程关系密切。思维与个性心理特征、个性心理倾向等关系密切，思维活动与其他心理活动过程共同在动态活动中构建出相对静态的个性心理结构。在个体的思维活动中便反映和包含着个性心理结构的成分、特点和功能。思维作为高级意识形态，是人脑对客观现实间接的、概括的反映。概括起来看，个体的思维反映着个性心理现象的全部信息，反映着个体意识的所有特点。思维活动不是孤立的，是受其他各种心理活动制约的。

三、高校体育教育的德育思维和作用

（一）高校体育教育"德育"的意义

增强学生体质，培养学生良好的身心素质，是高校体育教学的根本目标和出发点。在学校体育教学中，学生通过参与身体锻炼以及互相配合来获得知识与技能，这就在客观上为教师培养学生的道德品质提供了条件。但大部分体育教师往往只注重课堂组织教法的运用和学生技能的提高，忽视了体育教学中的德育教育，甚至认为德育是文化课的任务。叶圣陶先生曾说过："什么是教育，简单地说就是要养成良好的习惯，对于德育而言，就是要养成良好的行为习惯。"在体育教学的过程中，教师向学生传递知识、答疑解惑，提高其身体的力量、速度、耐力、柔韧、灵敏等素质。德育，主要是指对学生思想素质和道德层面的教育。德育的最终目的是要帮助学生树立正确的道德价值观，对是非荣辱形成正确的评价标准，最后内化为自身的内在品格，保持并发扬于有形的生活之中。因此，现代高校体育教学也成了德育教育的重要载体和桥梁。纵观体育教学，"德"在其中主要具有以下五点意义作用。

1.培养学生的坚强意志

与竞技类体育教学不同，高校体育教学对学生的技战术没有那么高的标准和严格要求。现代体育教学需要培养学生的优良品质和良好的意志力来共同达成当今社会所提出的全新的体育教学目标。基于此，体育教师应以体育教学大纲为基本着眼点，适时创新教学内容，对每一个学生进行个性化的特殊处理。

2.培养学生的竞争意识

现代社会是一个高效率、快节奏的社会，因此，人们若想在社会中脱颖而出，必须时刻保持最佳的竞争状态。竞争意识，简而言之，就是对外界活动持有积极应对的心理反应。作为体育运动项目突出特点的竞争因子，其在体育竞赛中表现得淋漓尽致。体育竞赛和活动，可以激发学生身上的竞争因子，调动学生的竞争细胞，激发学生的最大潜能。从此种层面上来说，体育教学的德育功能主要体现在激活学生的内在竞争意识，培养学生勇于拼搏的竞争意识，在竞争中树立良好的道德行为规范。

3.培养学生的团队合作意识

合作意识是个体对共同行动及其行为规则所赋予的情感与认知。合作意识也体现在体育运动项目之中，如篮球、足球、接力、拔河等集体类运动项目的开展，单靠一己之力根本无法完成。只有通过队员之间的紧密配合，个人的价值才能在集体中得到最大的体现，最终实现自我价值，取得比赛的胜利。学生与学生之间关系密切了，交流频繁了，无形之中营造出相互帮助、相互关心、团结合作的融洽氛围。这一切也必将为他们在日后融入社会奠定坚实的人生基础。

4.培养学生的自我约束能力

自我约束能力，简而言之，就是自己能够控制自己的所作所为的能力。教学管理，相对于常规学科来说，较为困难，这就需要有一定的行为规范来保证体育教学活动的顺利开展。像"三大球""三小球"、田径和各种集体类体育运动竞赛项目，必须遵循该项目特定的规则。所以，长此以往，学生就可自然而然地形成良好的组织纪律观，提高自我约束能力。

5.调节学生的身心健康

研究发现，体育运动可以帮助人们释放压力，满足一定的心理需求。我们不仅要让学生们在科学合理的运动负荷下，实现身体素质的全面提升，还要让学生在日常的体育教学训练之余，得到精神上的放松。体育教学的真正价值在于学生在体育课堂上收获的不仅仅是健康的身体，还包含愉悦的心情。

（二）中外"寓德于体"教育思想

1.国外不同时期的"寓德于体"思想

（1）古埃及和古希腊时期。在古埃及，人们很注重子女的教育问题，古埃及人在关心子女身体是否健康之余，还很关注对子女智力和德育的培养。当子女成长为儿童少年时，父母们会适时开展一些适合他们年龄特征、个性特征的游戏；当子女成长为青年时，父母们会让他们尝试一些激烈的球类游戏和剧烈的户外运动，充分满足孩子们的身心需求。体育运动的开展不仅有利于人们"体"的发展，也有利于人们"德""智""美"的综合发展。古希腊人眼中的美德不单单指心灵美，它更关乎人们的道德和心理。所以，他们倡导"智慧的人"与"行动的人"相统一的教育理想。他们很早就看到体育游戏和体育比赛的深层隐性价值。古埃及人和古希腊人主张人的全面发展。"寓德于体"的教育思想在古埃及人和古希腊人身上体现得淋漓尽致。

（2）文艺复兴和启蒙运动时期。文艺复兴后期的人文主义思想家指出："教育绝不是着重于一个人心灵的培养；我们的教育也不是注重到一个人身体的锻炼，教育的对象是整个的人；我们决不能将之一分为二"。因此，那一时期体育教育的本质是想让学生在体育锻炼的过程之中提高身体素质、道德素质和心智素质。由此，"身心既美且善"成了该时期人们体育教育的主旋律。有一位著名的教育家认为，体育是一切教育的基础。在他的观念里，培养出健康的人才是教育的最核心任务，而体育是能够实现这一任务的首要之选。他在这一套教育理论的基础之上，又研究出了一套适应该时期社会发展的评比准则。"自此，"健全的精神寓于健康的身体"成为人们推崇的主流教育思想。

2.国内不同时期的"寓德于体"思想

（1）先秦时期。春秋时期伟大的思想家、教育家、哲学家老子有云："不失其所者，久也。死而不亡者，寿也。"人若想肉体活得长久就不能离开生命的根基，但若想获得真正意义上的长寿还是要保持精神上的人格。但是究其实质，健康需要保养的不仅仅是单纯的肉体，还应包括精神人格。这就告诉我们应该把形体和精神都抓起来，并且"两手都要抓，两手都要硬"。"静而与阴同德，动而与阳同波"，这句话的意思是与阴同德，就像大地一样，厚德载物；与阳同波，就像九天之上，自强不息。

（2）唐末、明清时期。在唐代，以木射为代表的体育活动盛行：用木为靶，以球代箭，用球击射木靶。参加比赛的人员纷纷在木柱的对面用木球往木柱方向抛撒，击中有朱笔写字的木柱即获得胜利，反之，则视为失败。我们可以看出古人对哪些道德信仰持肯定态度，对哪些道德信仰持否定态度，进而帮助参加体育运动的人们形成正确的道德评判准绳。儒家"仁爱"思想在古代体育运动中也得到了很好地体现。这一时期"寓德于体"教育思想主要可以概括为：儒家思想中，体育运动蕴含着忠诚仁义、谦虚宽厚、包容礼让等"仁爱"思想。

（3）近现代时期。近代著名教育家蔡元培肯定了体育的首要地位，他说"完全人格，首在体育"。空谈道德的体育，会让人嗤之以鼻；空谈体育的道德，会让人的心灵无处安放。他在《体育之研究》一文中写道："愚拙之见，天地盖唯有动而已。""人者，动物也，则动尚矣；人者，有理性之动物也，则动必有道。""欲图体育之效，非动其主观，促其自觉不可。"此番言论很好地论述了德、智、体三者之间错综复杂的关系。这一时期"寓德于体"教育思想可以大致归纳为：肯定了体育的基础地位，与此同时也提出了"德体并进"思想。体育的团结协作、竞争突破精神可以向爱国强国精神靠拢，为祖国的建设提供综合性人才。

第三章

高校体育教学方法的设计与创新

第一节　体育教学方法概述

一、体育教学方法的概念

（一）体育教学方法概念的界定

体育教学活动的开展需要教师在体育教学方法设计方面融入大量的教学智慧，通过科学合理的教学方法的设计与使用，来更好地呈现教学内容，激发学生体育学习的积极性，以更好地实现良好的体育教学效果。随着现代体育教学的不断发展，一些新的体育教学方法被创新并应用到体育教学中，收到了不错的体育教学效果并被进一步推广。

关于体育教学方法，国内外学者很早就开始进行，在研究过程中，诸多专家和学者对体育教学方法概念的界定有一定共识。首先，体育教学方法是体育教学系统的重要组成部分。体育教学方法与体育教学系统其他要素之间具有非常密切的关系。体育教学方法服务于体育教学目标和体育教学任务，应能够促进体育教学目标和任务的实现。同时，体育教学方法又受体育教学内容的制约。其次，体育教学方法是"教"与"学"的统一，可有效促进师生的双边互动。体育教学方法受到特定的教学理论的指导。与其他科目教学方法相比，体育教学方法在注重教学语言要素的同时，更加注重动作要素。

综合我国学者对体育教学方法的研究，一般认为，体育教学方法，具体指为实现体育教学目的而采用的手段、方式、措施和途径等的总和。

（二）体育教学方法的分类

从体育教学活动双边关系和参与主体来看，体育教学方法可以从"教"和"学"的角度进行教法和学练法的划分，具体分析如下。

1.教法

教法是体育教学过程中的教师层面的教学方法，也是本书所指的教学方法，可以具体理解为教师的授课方法。

（1）知识技能教法。教法类教学方法包括基本知识的教法和运动技能的教学方法。基本知识主要是指体育运动项目的基本理论知识，基本知识教法就是针对这些理论知识展开教学所使用到的教学方法，主要涉及基础学练理论教学。一般来说，体育基础知识的学习主要是抽象知识的学习，具有一定的难度，不像体育运动技术那样可以直观地、生动形象地展现，这就需要教师在体育教学过程中应深入了解学生的知识基础、思维能力选择相应的教学方法。教学方法应尽量具有操作性，并注意与体育运动实践的结合。运动技能的教法不难理解，是通过相应的教学方法来很好地向学生呈现技术动作，帮助学生很好地理解运动技能的概念、构成、完成过程，这对于学生提高体育运动技能具有重要的作用，教学方法应便于运动技能规律与特点的揭示，便于具体的技术动作的形象化、生动化展示。教师通过教学方法的科学选择与实施，促进学生对具体的运动技能的掌握。充分考虑与教学体系中其他要素，如教学内容的关系，结合教学内容分析，运用相应方法帮助教师完成教学任务。结合实际教学情况，充分发挥教学方法灵活多变的特点，随机应变，在体育教学活动中灵活处理各种教学要素。

（2）思想教育法。思想教育法是为展现体育思想教学内容的教学方法，开展相应的思想教育时，教学方法选择应注意体育思想、体育道德内容展示的特点，促进学生的体育价值观念、体育精神、体育道德、体育意志等品质的发展与提高。

1.学练法

（1）学法

学法，主体为学生，在体育教学中，学生的学法就是了解和掌握体育相关知识的方法，通过具体学法的选择与应用，促进学生对体育知识、技能的掌握。体育运动教学实践中，学法应确保学生能掌握教学目标所要求的基本知识与技能，并结合个人情况有所发展。体育学习中，应重视体育知识、经验、自身体能与新知识、技能的有机结合，使体育技能学练符合自身身心发展的规律和特点。

（2）练法。具体是指学生的运动训练方法，是实现体育教学目的的重要方法和途径，指导学生进行体育锻炼的方法是体育教学中最具本质特征的方法。体育教学是一项身体实践性非常强的学科教学，各种体育知识、技能都需要学生的体育活动实践才能理解、掌握，并在之后的体育活动参与中表现出来，这就需要学生在体育学习过程中结合具体的学习任务、目标、自身实际情况科学、循序渐进地参与体育运动训练，不断提高自己的体质、体能、运动心理水平，并进一步促进自我体育运动专项体能、技能和心理能力的发展。

（三）体育教学方法的特点

1. 实践操作性

与其他学科不同，体育学科的学习更多时候需要学生进行各种各样的身体练习，因此，在体育教学过程中，教师选择教学方法应充分考虑到学生具体的身体活动开展的可操作性，同时教学方法应考虑客观的体育教学条件能否为教学方法的体育教学活动组织提供必要的物质支持。

体育教学方法的实践操作性受体育身体活动的基本性质影响，同时，也受到学生的体育活动参与形式的影响，教师选择与实践教学方法，应结合具体教学实际对教学方法进行必要的修正，如果教学方法中的某一个环节和形式安排可能在接下来的教学活动开展中受阻，则教师应该灵活变通。不能让教学方法停留在理论层面，应落到教学实践中，符合教学实践。

2. 多感官参与性

体育活动的开展过程是师生的身体活动参与过程，教师与学生进行各种体育技术动作示范、练习，都需要充分调动身体各部分的组织和系统的功能，整个有机体的各个器官和组织系统都要充分调动起来。例如：教师通过动作示范教授学生某一项具体的体育运动项目的技术动作，学生要利用眼睛去看动作，利用耳朵去听讲解，利用肢体去感受动作，因此说，体育学练的过程，也是学生有机体多感官共同参与的过程。

在体育教学中，为了获得良好的体育教学效果，体育教师在选择和运用教学方法时应注意教学方法是否能充分调动起学生的多种感官的积极参与，优化教学效果。体育教学方法对学生的多感官的体育调动与参与主要表现有体育运动参与和学习中，需要学生动用思维、感知、记忆和想象，需要学生的眼睛、耳朵以及触觉和动觉等感受器官对运动的方向、用力的大小和动作的幅度等方面进行感知，形成正确的动作定式。在形成正确的体育动作的基础上，将所接收到的教学信息进行整理、分析，用大脑思维活动，指挥身体的各器官完成相应的动作。通过不断重复技术动作，最终实现动作技术的正确和精细。

3. 时空功效性

根据学生的学习认知规律和动作技能形成规律，体育教学方法的各教学实施阶段都表现出体育活动的时空性特点。

体育教学开始阶段，教师作为教学主导者，指导学生进行相应的学习活动，进行相应的分析、示范和指导。体育教学期间，教学活动的主体发生了相应的变化，学生的主体作用也在不断增强，学生通过认知、分析和练习，掌握相应的知识和技能。体育教学结束阶段，教师进行相应地总结和分析，对学生的学习过程、学习效果进行客观、全面的评价与分析，并预告下次教学内容，实现本次课与下次课的时空有效衔接。

4. 动静交替性

体育运动教学与训练应保持动静结合，这主要是受运动者个体运动负荷承受范围的影响，是体育教学的基本规律和特点。体育教学方法的"动"指技能学练，体育运动技能的学习与掌握必须通过实实在在的身体练习来进行，体育教学过程中的各种体育教学方法都是为了促进学生更积极、更好地去参与各种身体活动，通过体育活动实践来掌握体育技能。

体育教学方法的"静"指合理休息。学生的体育学习过程中，学生生理方面和心理方面都要持续不断地受到刺激，并承受一定的负荷，长时间会导致疲劳而影响学习效果与质量，这时需要安排学生进行合理休息，包括积极性的休息和消极性的休息。安排休息时，应注重积极性休息和消极性休息的结合。

5. 师生互动性

体育教学活动的开展，需要教师和学生共同参与，教学方法的选择不应该只是组织活动让学生参与，还要在体育教学活动中，教师能适时地融入到学生的学练、发现、探索活动中去，及时给予学生正确的教学指导。教学方法的应用应有助于教师、学生的体育教学活动的积极参与，并促进师生互动。

6. 继承发展性

现阶段，教育工作者继续发展创新，教学方法及其应用也在不断丰富与创新，师生关系、课堂体验，以及体育教学效果都在不断优化。

二、传统体育教学方法及应用

（一）传统体育教法及应用

1.语言教学法

语言教学法，就是教师通过语言表达，来阐述体育教学知识、文化、规律、特点、技术构成、教学活动安排与过程实施的方法，学生通过教师的语言来了解教学过程，并参与到教学过程中去，掌握必要的教学知识点。

常用语言教学法如下。

（1）讲解教学法。教师通过语言讲解来开展教学。讲解法通常用于体育理论教学，讲解过程中，教师应充分考虑学生的理解能力与认知能力的特点与水平。讲解法使用要点如下。

①讲解要明确，突出教学内容重点、难点、特点。在体育教学中，教师对于教学内容的讲解必须要有明确的目的，不能漫无目的的讲解，这样会使学生抓不住重点，不能理解教师的用意，导致学习效率低下。

②讲解要正确。注重讲解内容（历史文化、动作术语、技能方法等）的准确描述。

③讲解要生动、简明、有重点。讲解应便于学生更好地理解教学内容，如：生动形象化的讲解可加深学生的认知，教师应重视对技术动作的形象化描绘，可以适当加入肢体语言帮助学生理解。再如：关于概念、技能难点的讲解应有重点，把握关键技术讲解，更便于学生掌握动作要领。

④讲解要通俗易懂、深入浅出。教师要善于运用对比、类比、提问等方式进行启发性教学，这有利于学生积极思维，使学生能够举一反三、触类旁通、学以致用。

⑤注重教学内容讲解的时机和效果。

⑥重视讲解内容的前后关联性。

（2）口头评价法。口头评价是体育教学中非常重要的教学方法，可以在课堂上及时、快速地给予学生最直接的评价、提醒，也可以在教学结束之后，对学生的课堂表现进行口头点评。根据评价性质，口头评价有如下两种。

①积极评价。教师对学生的评价是鼓励性的、表扬性的、肯定性的。

②消极评价。教师对学生的评价是负面的，以批评为主，这显然会让学生感觉到不舒服和沮丧，对此教师应掌握必要的语言沟通技巧，注意措辞，要就事论事，不能过分打

击学生，更不能进行语言方面的人身攻击。

（3）口令提示法。口令提示具有简短的高度概括性，在体育过程中，借助简短的字词给予学生必要的提示，如：体育时间教学中的动作学练。

口令提示法应用要求如下。

①教师应发音清晰、声音洪亮。

②教师对学生的口令提示应尽量使用正面引导、积极性的词汇，并注意提示的时机。

③合理把握口令提示的节奏。

在体育教学实践中，教师采用口令提示法时，尽量做到语言精练，言简意赅。

2. 直观教学法

直观教学法，是利用学生的感官直接冲击来加深学生对体育教学内容的印象，使学生更直观、生动、形象、直接地了解教学内容。具体来说，通过直观刺激学生感官。体育教学中的常见直观教学法有如下几种。

（1）动作示范法。在体育教学中，教师通过对教学内容的动作示范，来使学生对所要学习的项目技术动作有一个生动形象的了解，并熟悉动作结构和要领。

动作示范教学法的运用应注意以下几点。

①明确示范目的。教师在进行动作示范之前，要明确示范的目的是什么。

②示范动作正确、流畅。教师进行教学动作示范，是为了给学生提供必要的技术动作模仿对象，教师的示范动作必须要正确，避免错误引导学生。

③示范位置合理。体育教学中，教师的动作示范应让每一个学生都能全面、准确地观察到示范动作，可多角度示范。

④示范应与讲解结合起来。通过示范、讲解，充分发挥学生的视觉、听觉、触觉等各种感官的作用，使学生的听觉和视觉器官同时利用起来，以更好地加深学生对正确技术动作方法的理解与掌握。

（2）教具与模型演示。采用图表、照片和模型等直观教具辅助教学，使学生更加易于理解相应的技术结构和动作。教具与模型演示教学，应注意以下几点。

①提前准备教具、模型。

②教具、模型全方位展示，如果介绍具体器材的使用方法可以让学生近距离体验。

③注意教具与模型的使用保护。

（3）案例教学法。案例教学法，就是在体育教学中举例子，使学生对体育教学内容的理解更加简单、直观、形象。案例教学法应用要求如下。

①举例恰当，避免举无效案例。

②对战术配合和组织案例分析尽可能详细，并注意多角度（攻、守）的分析。

（4）多媒体教学法。多媒体教学方法是现代体育教学中被较多使用的方法，与传统的课堂板书教学不同，多媒体教学能令教学内容的展示更加生动形象，而且教师应更加准确地利用多媒体教学技术向学生分析动作的细节，通过动画和视频演示，可以将每一个动作精确到秒上，将教学内容制作成电影、幻灯、录像等，通过重放、慢放、定格等操作方法，使学生更深入、系统地学习知识，掌握技能。

多媒体教学法的使用需要必要的多媒体教学技术支持，也需要教师具备一定的多媒体技术操作能力。

3. 完整教学法

完整教学法是体育教学中广泛应用的一种教学方法，该教学方法重在完整地、不间断地演示整个技术动作过程，通常在体育教学实践课中运用。

完整教学法的体育教学应用应注意以下几点。

（1）讲解要领后直接运用。教师通过对体育运动技术动作的分解讲解后，示范整个技术动作，使学生能流畅地模仿完整技术动作。

（2）强调动作练习重点。体育实践教学中，对于较为复杂的动作，教师应明确讲解、示范重点，使学生正确把握技术动作难点。

（3）降低动作练习难度。降低动作难度以便于学生完整练习，正确动作定型后逐渐增加难度，待学生熟练后再按标准动作进行完整动作学练。

（4）应注意将各动作要素进行分析，以使得学生能够了解用力的大小、动作的程度等方面。

4. 分解教学法

分解教学法是与完整教学法相对应的一种教学方法，适用于复杂和高难体育项目的技术动作教学。能将复杂的动作简单化，降低技术难度。分解教学法适用于复杂和高难体育技术动作教学，具体是指在体育教学实践中，教师分解完整的技术动作，通过各个阶段、环节的逐个教学，最终使学生掌握整个技术，分解教学应注意以下几个方面。

（1）对技术动作的分解要注意科学，不能打破各环节之间的有效衔接。

（2）分解后的技术动作依次教学，熟悉后注意组织学生对学习环节前后的衔接练习。

（3）技术动作分解与完整综合运用效果更佳。

5. 预防教学法

体育教学的开放性使得体育学习同样是一个开放的过程，可受到各种因素的影响与干扰，就学生的个体差异性来说，学生的认知能力、理解能力、肢体协调能力等，不可能做到一下子就能准确掌握知识要点、动作要领，学习过程中难免会犯各种各样的错误，教师针对学生的学习错误，应及时预防和纠正。预防教学法是对学生的错误认知、错误动作提前采取的阻断措施的教学方法。预防教学法应用要求如下。

（1）体育教学中，教师应在讲解过程中不断强化正确认知，避免学生错误认知。

（2）教师在备课时可结合自己的教学经验对学生可能会犯的错误做好预防预案。

（3）可结合口头评价、提示、指示帮助学生及时预防错误。

6. 纠错教学法

纠错教学方法是学生在体育教学中出现认知、动作错误后，及时予以纠正错误的教学法。在体育教学过程中，教师应正确对待学生由于对各种技术动作理解不清或对动作掌握不标准的错误，注意进行有意识地引导和纠正。

纠错教学法应用要求如下。

（1）纠错时，应注意正确技术动作的讲解，使学生明确产生错误的原因，及时改正。

（2）结合外力帮助学生明确正确的技术动作的本体感觉。预防和纠错相辅相成，和预防相比，纠错的针对性更强，要求教师认真分析学生错误的原因，并有针对性地结合错误的根源采取相应的纠正措施，并给出改正方向与方法。

7. 竞赛教学法

竞赛教学法，是通过教学竞赛的组织来开展体育教学的方法，竞赛教学法重视学生的体育运动技能的实践检验，也重视学生在运动中的角色体验以及学会如何处理与队友的关系，并可以促进学生的运动心理的调适与完善。竞赛教学法是体育教学不同于其他学科教学的一种重要教学方法，对于学生的身体运动素质、竞技能力、心理素质、社会性关系处理等都具有重要的发展促进价值。

竞赛教学法的教学应用要求如下。

（1）明确竞赛目的。通过足球运动竞赛切实提高学生的足球运动技能水平。

（2）合理分组。各对抗队的实力应相当。

（3）客观评价。对竞赛过程中学生完成动作的质量予以客观的评价，并指出改进的方向和方法。

（4）竞赛教学法应在学生熟练掌握相应的运动技战术后使用，避免学生发生不必要的运动伤病意外。

在体育教学实践中，教师不应只专注于使用一种教学方法，也不能毫不顾忌地将多个教学方法交叉、叠加使用。上述各种体育教学方法的应用应结合具体的教学实际情况和学生情况科学选择，以选择最佳的教学方法或者教学方法组合，进而促进良好的体育教学质量和教学效果的不断提高。

（二）传统体育学法及应用

1. 自主学习法

所谓自主学习法，即学生积极主动、独立自主进行体育学习的方法，在学习过程中，学生主动发现、分析、探索、实践，当然整个学习过程需要教师必要的指导。高校体育教学中，教师指导学生进行自主学习，应做好以下几方面的工作。

（1）教师应针对学生的水平、特点，为学生安排难度适当的体育教学内容。

（2）教师可帮助学生制订学习目标，指出学生通过自我探索应该达到什么水平，解决哪些问题，学生应根据自身的知识储备和能力水平，明确学习目标。

（3）学生应根据自身情况，对照学习目标，进行积极的自我调控，并及时改进教学方法和教学策略。

（4）教师必须认识到，组织学生进行自主学习，教师仍要间接参与学生的整个学习过程，自主学习并非意味着教师放任不管，教学中，教师应时刻关注学生的学习进度，是否遇到了一些问题，如果学生的学习偏离预期，应及时引导。

2. 合作学习法

合作学习法，是在教师的指导下，学生进行合作互助，通过责任分工承担不同的学习探索任务，并最终解决问题，达到教师所设定的学习目标，完成教师布置的学习任务。合作学习能够提高学生的学习能力、合作能力，教学中，具体的学习操作方法如下。

（1）教师根据教学内容确定相应的教学目标。

（2）教师引导学生结成学习小组。

（3）全体学生在教师的指导下，根据教学内容确定相应的教学目标。

（4）确定各小组研究的课题，引导学生自己进行小组内的具体分工。

（5）小组成员合作完成小组学习任务与目标。

（6）不同小组进行学习和交流，分享研究成果，发现问题，取长补短。

（7）教师关注、监督学生学习，推动各小组活动顺利开展。

（8）教师评价，帮助学生总结。

三、现代教育理念的体育教学方法

（一）现代创新体育教法

在"以人为本""健康第一""终身体育"等新的教学理念指导下，教学方法的选择和应用越来越重视体育教学中学生的体育学习体验，并越来越重视学生的学习积极性与主动性的发挥，对于学生来说，符合现代新教学理念的体育教学方法的应用，大大提高了学生的体育学习兴趣，同时，体育教学环境更加优化，学习体验更加丰富多彩、生动形象。

1. 探究教学法

探究教学法，也称指导发现教学法，是一种充分发挥学生能动性的教学方法，体育教学中，在教师有意识的体育教学中，让学生经历教师所设计的各种教学环节，引导学生逐渐发现问题，讨论问题，并处理和解决问题。

研究表明，探究教学法符合现代教育教学理论对学生的要求，也是新体育课程强调学生主体性理念的重要表现，因此在体育教学实践中日益受到重视，该教学方法在体育运动教学中得到了尝试并收到了良好的教学效果。探究教学法的体育教学应用有机结合了教师的"教"和学生的"学"两个方面。指导发现教学法主要适用于战术、攻防关系、技术要点教学中，具体应用程序如下。

（1）学生预习教师所要教授的教学内容时，发现问题。

（2）教师以指导语的方式改造所授教学内容，并且将一些相关的观察结果和分析的直观感知材料提供给学生，使学生自行解决学习中遇到的困难和问题。

（3）体育教学中，重视对特定教学环境的建设，使学生在积极探索、研究的过程中获得知识和掌握技能。

（4）教师进行教学分析和归纳总结。

2. 合作学习教学法

合作学习教学法是通过对学生进行分组，使学生以小组形式完成学习任务的教学方法。合作学习教学法有利于学生养成合作和竞争的意识，对于在足球运动中发挥集体协作具有重要的帮助作用。

在现代体育运动项目教学中，许多教学活动都需要学生的共同参与，即便是以个人运动技能展示为主的体育运动项目，在运动技能练习过程中，也需要其他同伴的合作，离不开各参与者的相互配合，因此，通过合作学习不仅能增加学生之间的默契配合，提高学生的合作意识和合作能力，还有助于良好的教学环境和氛围的形成。

3. 多元反馈教学法

新课程标准要求重视学生在体育教学中的地位，重视和谐师生关系的建立，多元反馈教学法正是强调教师与学生之间在学习过程中融洽的合作关系的教学方法，该方法更加突出教师与学生之间、学生与学生之间进行信息的交流与反馈的及时性，教学过程中，重视通过对学生的积极性、主动性和创造性的激发和调动，促使教学信息的多向传递，促进学生通过系统的知识学习实现自我发展。多元反馈教学法在高校体育教学中是一种新的尝试，教学中，科学运用反馈教学法应注意以下几点。

（1）以信息的相互反馈作为主要的线路，并在教学过程中，教师与学生间，学生与学生之间，学生与教材、媒体之间都要做到信息的及时、有效的反馈，这也是提高体育教学效果的关键所在。

（2）教师要善于及时、准确地捕捉各种反馈信息，并进行整理分析，作出准确的判断，修正教学过程。

（3）教师应对所反馈信息的正、负面影响作出准确的判断，及时地向学生进行反馈，使学生更好地了解自身存在的问题和不足，有针对性地进行改正，有效控制教学过程与结果。

4. 多媒体技术教学法

多媒体技术，即 CAI 技术，是伴随着计算机信息技术的发展而发展的，多媒体教学技术应用于教学已经有较长的一段时间了，且因其具有可嵌入度以及良好的交互性能深受师生欢迎。多媒体技术的发展使得体育教学的教学手段更加丰富。多媒体技术纳入体育教学更多地应用于体育理论课教学。

相比于传统的教学手段，多媒体技术将体育运动相关录像、图片、flash 等引入课堂教学，综合了学生视觉、听觉内容，在包括体育运动在内的体育教学中得到了广泛应用，教学效果良好。目前，各种教学的多媒体设备、软件日益增多，越来越便携的输出设备，使得学生在需要时可以观看视频或图片，手机、笔记本电脑、平板电脑的出现使得更多的课件可以以此为设备核心展开体育教学。多媒体教学替代了传统意义的收录机、播音机、手鼓、节拍器等教学手段，体育教学更加智能，并表现出集成性、便捷、生动、立体、交互、实时、长久储存等特点。

5.计算机网络教学法

计算机网络教学，依托于计算机技术和网络通信技术，可以实现体育教学的更加生动、互动与高度交互。计算机网络教学改变了传统课堂教学的范畴，计算机网络教学大大拓展了教学的时间与空间。

现阶段，计算机网络教学在高校体育教学中的运用，主要体现在校园教学网络的建立。早期的 BBS 由教育机构或研究机构管理，当前许多著名高校的校园网站上都建立了自己的 BBS 系统，通过互联网介入教学。借助于校园计算机网络建设和学生的网络设备利用，可形成多元化的综合性校园体育网络课程教学体系。

和传统体育教学方法相比，在新的依托计算机网络的"教"与"学"的交互平台上，教师与学生之间可以利用在线交流、邮件、留言等形式实施互动，不仅有助于降低教学时间与空间限制，还能提高教学维度，优化教学效果。和多媒体技术教学相比，计算机网络教学更加智能化，教师所使用的教学资料和教学工具都是数字化、集成化的，课程内容以电子教材的形式呈现，网络课程教学过程中，可以实现网络即时模拟讲课、批改作业，在课内教学的基础上很好地解决了教学的延续性问题，教师与学生的交互性更强，充分互动，并突出了针对性，实用性，趣味性，寓教于乐，可以促进学生体育运动学习和教师体育教学的教学相长的良性循环。

（二）现代创新体育练法

1.模式训练法

模式训练法是根据规范式模型进行的训练。和其他训练方法相比，模式训练法主要有以下两个特点。

（1）信息化。必须先收集到有关该情景、环境、条件的信息，才能进行针对性的训练。

（2）定量化。训练内容、方法、步骤等应进行定量控制，以便随时调整、完善训练。

2.动作组合训练法

动作组合训练，是对多个技术动作的综合训练，适用于操类运动、球类运动的基础技术动作练习。这种训练方法可令训练内容更加丰富多变。

3.信息化虚拟训练

信息化虚拟训练，具体是指通过信息技术创新虚拟训练环境，注重运用现代生物力学技术与计算机技术模拟视觉效果，在虚拟的情境中进行体育训练活动。例如：篮球战术训练中，模拟 CBA 或国际比赛环境，运用 3D 游戏场景引导学生在 VR 眼镜下进行战术感知；蹦床训练中，在虚拟蹦床比赛场景下促进学生进行高精度的蹦床训练，实现多维判断。

第二节　高校体育教学方法的创新策略

一、以体育教学体系内部为主的创新策略

（一）构建先进的体育教学观念及理论

1.构建创新型高校体育教学观念

随着学校体育教学实践的发展，各种先进的教学观念的产生和融入，使得学校体育教学思想不断地发展和丰富，逐渐形成了多种思维并存的局面。体育教学观念是体育教学思想和教学理论的基础，科学的体育教学观念可以升华为更先进的体育教学思想的教学理论，从而影响整个体育教育活动。因此，体育教学改革总是以教学观念的变革为突破口，由此来推动体育教学方法的创新。

构建创新型高校体育教学观念，具体表现在：在体育知识传授与体育能力和素质培养的关系上，树立注重素质教育，融传授体育知识、培养体育技能与提高综合素质为一体，相互协调发展，综合提高的体育教学观念；在理论与实践的关系上，树立理论联系实际、学以致用、强化实践教学的教学观念；在教与学的关系上，树立学生是体育教学活动的主体，重视学生独立学习能力和创新精神培养的教学观念；在高等体育教育与终身体育关系上，树立重视学生独立获取体育知识，为学生的终身体育奠定良好基础的教学观念。总之，高等体育教育必须树立全面加强素质教育，增强质量意识等现代教育思想和教育观念，充分认识体育教学方法创新在整个教育教学改革中的地位和作用，在提高认识、转变观念的基础上，把体育教学方法的创新不断向前推进。

2. 构建先进的高校体育教学理论

要进行体育教学方法的创新，必须要有先进的理论指导，这样才会少走弯路。要构建高校体育教学方法创新的先进理论，就必须重视运用现代科学方法论和心理学研究成果，指导教学方法的理论研究和改革，并付之于大量的、长期的实践中去加以验证。近年来，由于系统论、信息论、控制论、创新教育论等思想的出现，引发了体育教学领域从思想到实践的广泛变革。体育教学方法的理论研究日益受到重视，不再停留在经验描述和简单的概括层面上，而是建立在科学研究的基础上。

高校创新教育是高等教育的一种全新模式。教育科学研究所课题研究和实验方案将"创新教育"界定为"是以培养人的创新精神和创新能力与基本价值取向的教育实践"，是以培养创新型人才为主要目标的教育。高校的创新教育是在中学阶段业已进行的"创新方法和技术"训练的基础上，为培养创新人才搭建一个创新平台，着重对大学生进行创新精神和创新能力等的培养。构建高校体育教学方法创新的先进理论，就必须了解创新教育的理论，创新方法的理论，经过多年的研究和发展，创新教育已经在教育管理制度、课程编制与实施、教育教学方法等方面形成了一系列有效的理论和措施，我们可以通过借鉴这些凝聚着古今中外优秀经验的科研成果，并结合体育教学方法的实际情况，将其用之于教学方法的理论研究，指导教学方法的改革，不断地为体育教学方法的理论与实践研究注入新的活力，努力构建高校体育教学方法创新的先进理论。

（二）建立科学的体育教学目标

体育教学方法是实现体育教学目标的主要教学活动。体育教学目标制订的科学与否，直接关系到教学方法的实施情况。因此，对体育教学方法进行创新，有必要建立科学的体育教学目标。

体育教学目标就是在体育课教学中体育教师和学生预期要达到的标准或者结果，体育教学目标对体育教学活动的进行有着预期性，也就是说在开始体育教学活动就可以预见所要进行的教学活动对学生所学习的体育知识、动作技术、身体技能和身体素质的影响。体育教学目标是由多个层次的目标组成，其中有体育教学总目标（即超学段体育教学目标）、学段体育教学目标、学年体育教学目标、学期体育教学目标、单元体育教学目标、课时体育教学目标，甚至还有下位的技术点或知识点教学目标。各层体育教学目标都有各自要解决的问题，因此各层的目标就有自己独有的着眼点，就是"围绕着什么来看目标和写目标"的视角。例如：学段体育教学目标就是围绕着"本学段学生的身心发展特点"；单元体育教学目标就是围绕着"运动技能学习",两者在这里是不能互换和颠倒的。

体育教学目标具有导向和标尺作用,体育教学目标设置的科学性将直接影响体育课堂教学活动的质量。具体而明确的教学目标,能够引导师生围绕目标的实现而有效地展开教学活动,恰当地组织教学过程,并且能以此为标尺,准确地检测教学结果。就体育课堂教学来说,设置的这些目标的实现必须要落实在具体的体育教学活动中的,只有具体说明体育教学所要进行的课堂内容、课堂条件,才具备应用的价值。

体育教学目标的制订应以人为本,考虑个体的身心特征,关注学生的兴趣和需要,关注学生的心理感受和情绪体验,关注个体身心的和谐发展。体育课堂教学目标的制订应灵活,要结合体育课堂的教学内容、体育课堂教学条件和学生的身体素质特点和学校规定的课时安排进行,课堂教学目标必须具有弹性,这样才能更好地促进学生的身体发展。科学的体育教学目标既要能表明可观察到的学习结果,又要有能表明检测结果的标准;既要有反映具有质与量规定性的行为目标,又要有表现内部心理过程的定性目标;既要有知识性的目标,又要重视情感(兴趣、态度)、意志和动手操作方面的目标;既要注意教学目标之间纵向和横向的关联性,又要注意区别对待、灵活变通。

对于高校体育教学来说,教学目标的设置必须以传授体育知识、体育技能和促进健康为主体,增加学生健康的身心发展,尊重学生对体育项目的兴趣及体育习惯和体育意识的培养,注重发展学生个性和人格的塑造,结合学生所学专业的特点,培养身体、心理和专业技能全面发展的人才。

(三)完善体育教学内容

同别的学科相比较,体育教学的内容在横向上要丰富得多,表现为数量大、内容庞杂,而其他学科教学内容多表现为纵向上的逻辑递进。体育教学内容的最大特性就是其内在的逻辑关系不强,这使我们在安排教学内容时无法完全按从简单到复杂,由低级到高级的顺序来编排教材,体育教学内容的划分通常只是以运动项目来进行,划分后的教材之间又都是平行和并列的关系。如:篮球和排球、体操和武术,他们看似有某种联系,但又看不清是什么样的联系,更说不清这些教材应谁先谁后,谁是基础谁是提高。同一体育教学内容,可以在小学开始,也可以在中学或大学开始。甚至出现了从小学到初中再到高中一直到大学不断重复同一项目的现象。

教学内容是能否引起学生体育兴趣的重要影响因素。因此,在体育教学时,学校和体育教师应根据学生们的兴趣爱好,不同年龄性别学生的身心发育特点,学生认知发展规律及运动技能形成规律，科学设置体育教学内容。

1. 理论性与实践性相结合

体育理论是一个综合而有序的体系，其内容丰富，多种学科相互交叉，深度也各不相同。因此，选择、加工好体育理论教学内容，并运用恰当的教学方法，是上好体育理论课的重要保证。一直以来，体育教学比较忽视理论基础知识的精选与传授，认为体育教学就是上实践课。特别是随着终身体育的提出，人们认识到，体育必须同卫生、保健相结合，必须科学地锻炼和保健才能促进身心健康。应注意挖掘运动"背后"的原理和知识，并将其"编织"在探究式的体育教学过程中，与发现式、启发式的教学方法联系起来运用。例如：在体育课上教师组织学生举行拔河比赛，在教授学生拔河技巧、分析胜败原因时可以通过物理学中的牛顿第三定律来讲解。通过拔河两队的受力比较可以让学生了解到，只要所受的拉力小于地面的最大静摩擦力，就不会被拉过去。因此，增大与地面的摩擦力就成了胜负的关键。要增大与地面的摩擦力，可以让队员穿上鞋底有凹凸花纹的鞋子。

2. 健身性与文化性相结合

体育教学内容的健身性具有区别于其他教学内容的显著特点，健身性是体育教学的本质属性。反映在体育教学内容的选择时，要以促进学生健康为出发点，内容的组织和编排都要有利于全方位地促进学生的健康。在教学中，应根据学生的需要，选择能够增进学生健康的内容。体育教学内容的文化性就是体育教学内容要有利于提高学生对体育的认识，促进体育情结的培养，树立体育的价值观和体育理想，使之受到良好的体育方面的熏陶。而健身性与文化性相结合，便可以使体育教学内容既具有良好的健身价值，又具有丰富的体育文化内涵。可从竞技运动中提取各种文化要素，并在教学中让学生来体验运动文化的情调和氛围。如：以中国传统体育文化为主题，让学生了解传统体育文化中的修身养性的的基本理论，为自我养身、健身、强身服务，同时加强对中国传统体育文化中舞狮、武术等内容的理解，指导学生阅读体育文学作品、欣赏竞技运动比赛，结合学生的兴趣爱好提供获取体育文化知识的渠道，提高体育素养和审美能力。

3. 传承性与扩展性相结合

传承优秀的传统文化是教学的重要功能。民间体育项目有着广泛的群众基础和深远的社会影响。对体育教学内容的选择要吸收我国历史悠久的传统体育内容，使这些宝贵的文化遗产得以继承。传统体育的武术等内容是我国人民在长期的社会实践中积累起来的宝贵的民族文化遗产，是广大群众喜闻乐见的体育形式，具有独特的锻炼价值和教育作用，因此，在选择体育教学内容时要将现代体育运动项目与民族传统体育项目相结合，使之形成一个优势互补、功能齐全的体育教学内容体系。

此外，体育教学内容要进行积极的扩展。一方面，体育教学内容应及时吸收新型体育项目、娱乐性项目。随着社会的进步，物质生活水平的提高以及大众体育的蓬勃开展，新兴的运动项目和娱乐性体育项目不断涌现。青少年喜欢追求时尚，当然也喜欢新兴的、娱乐性强的体育运动项目。因此，体育教学内容应积极吸收新兴的体育项目，如：旱冰、攀岩、有氧操、跳绳、独轮车等。另一方面，要发挥创造性，采用生活化、实用化等形式创编体育教学内容，使其尽可能向学生的生活、社会和大自然方向延伸。这种创编可以通过以下几种形式体现出来，野外化（把室内或正规场地进行的竞技运动改造为野外的非正规场地可以开展的项目）、实用化（与实用技能相结合）、生活化（根据生活的条件进行项目改造）等。这样能够贴近学生的现实生活和实际需要，既能传授比较实用的运动技能，又能增加教材的趣味性，调动学生的直接学习兴趣。

（四）扩展体育教学的组织形式

体育教学是师生之间的双向交流过程，学生在交流过程中既接受教师传授的信息，也相互交流、交换信息。在教学组织形式上，要尊重学生学习的主体地位，以他们喜闻乐见的形式开展体育教学。大学生思维活跃，有自身的独立见解，要采取多样化的教学组织形式，以提高学生的学习兴趣，充分满足学生的好奇心，进而提高学生学习体育的主动性，从而拓展学生的思维活动空间，全面提高学生的综合素质。体育教学组织形式一般可以分为课堂教学和课外体育活动两种。

1.课堂教学

（1）课堂教学的类型。体育课堂教学除了给学生传授体育理论知识外，更重要的是进行各种身体练习活动。根据学校教育的总目标和体育学科的规律，可有针对性地开设以下类型的体育课。

①基础课。基础课是大学体育承前启后打好基础的课程，是使学生通过体育基础知识、技术、技能的学习和全面身体训练，在学习和训练的全过程中逐步加深对体育的认识，提高身体素质和运动能力，改善身体形态、机能，增进健康，树立正确的体育观，为以后的学习奠定良好的基础。

②选项课。选项课是在全面身体训练的基础上，根据学生的爱好和特长，以某一类身体练习项目为主的教学活动，可使学生掌握该项目科学的基础知识和技能，培养学生锻炼的兴趣和习惯，以及对体质和健康的自我评价能力。

③选修课。选修课是在前两年体育教学的基础上，根据学校条件和学生的个性爱好分班组进行的教学活动，目的是进一步提高学生体育理论水平和体育实践能力，培养学生独立锻炼的能力，为终身体育打好基础。

④保健课。保健课是对个别身体异常学生和病、弱学生开设的必修或选修课，是有针对性地进行组织康复、保健体育教学的一门课程。

（2）课堂教学的分组。无论上课时学生的人数是多少、上的是何种类型的课，分组教学都是一种必要的教学组织形式，因为分组教学比较能体现因材施教、区别对待的教学原则，也比较容易发挥学生骨干的作用。分组的类型有以下几种。

①随机分组。随机分组是分组教学的最基本形式。所谓随机分组，就是按照某种特定的方法将学生分成若干组，如：用报数法将全班分成若干个小组。随机分组具有一定的公平性，常在竞赛、游戏时采用。

②同质分组。同质分组是指分组后使得同一个小组内的学生在体能和运动技能上大致相同。同质分组的方法在教学中常自觉和不自觉地得到运用，例如：体操的支撑跳跃教学中，我们常设置不同高度的跳箱让学生有所选择，经过一段时间的练习，每个学生基本可以选择最适合自己的高度进行练习，这时的分组形式即为同质分组；篮球练习中，常常会很自然地形成水平高的学生在一个篮架下活动，水平差的学生在另一个篮架下进行练习的状况；耐力跑练习时，一圈刚过，队伍就已经分成了几段，这时形成的"集团"就是典型的同质分组。

③异质分组。所谓异质分组，是指分组后同一小组内的学生在体能和运动技能方面均存在差异。异质分组不同于随机分组，是人为地将不同体能和运动技能水平的学生分成一组，或根据某种特别的需要对"异质"进行分组，从而缩小各小组之间的差距，以利于开展游戏和竞赛活动。例如：在进行接力跑游戏前，教师把跑得较快和跑得较慢的学生合理地分配在各个小组里，此时形成的小组就是典型的异质分组。

④帮教分组。帮教分组是指根据教学的需要，组织部分学生直接对其他学生进行帮助的分组。例如：有一定专项技能的学生可以在自己所擅长的练习中帮助其他较差的同学，有时还可以指定学生进行"一帮一"的辅导。采用帮教分组形式所起的教学效果要比教师一个人对众多的学生进行指导好得多，同时帮教分组的形式是主体学习的一种很好体现。然而，在帮教分组中，由于学生之间所处的地位是不平等的，帮助者容易产生优越感，被帮助者产生自卑感的现象，因此，教师要使学生认识到，无论扮演什么角色，人与人之间都是平等的，每个人都有帮助他人和接受帮助的责任和义务。

⑤友伴型分组。友伴型分组是指让学生自己选择与自己关系较为密切的同学在一起进行练习的分组。从社会学角度来看，人们总喜欢与自己熟悉的人、亲近的人聚在一起。因此，在体育教学中采用友伴型分组，可提高学生的学习热情，使每一个学生都可能体验到体育活动的乐趣。与关系密切的同伴在一起练习，学生的心理会放松，并能得到友情的支持。例如：一个不会打篮球的学生，处在一个友伴群体中，其同伴会用友好的态度、热情的鼓励带他（她）一起打球，并给予指导和帮助，同时，他（她）也会很放松地、毫无顾虑地与友伴一起活动。

2. 课外体育活动

进行课外体育活动的目的在于增强学生体质，培养学生自觉锻炼身体的习惯，同时可以陶冶学生情操，丰富学生文化活动，发展学生个性，而且它在巩固提高体育课程教学效果、增强学生体质、提高文化学习质量、丰富校园文化生活、增强集体凝聚力等方面都起到了良好的促进作用。具体来说，课外体育活动一般有以下几种形式。

（1）早操和课间、课后活动。早操应视为每天从事有效脑力劳动的准备活动，它可以消除抑制，兴奋神经，加强条件反射，活泼生理机能，促使机体以良好的状态开始一天的学习生活。应以多样化的内容与形式满足大学生们的个体需要：轻音乐相伴的健身跑，新推广的集体广播操，太极拳、健美操以及各种身体素质的锻炼等，定点辅导，分班召集，个人活动相结合，有统一要求，也有相当的自由度，实效性课间活动是指文化课程下课后，在教室周围进行 3 ~ 5 分钟的轻微运动。它是积极性的休息，能适时转移大脑的优势兴奋中枢，可以为下一堂课注入更充沛的精力。课后运动，它是学生结束一天课程之后有目的、有计划、有组织地进行身体练习的具体实践。大学课后运动有着目标的双重性、对象的广泛性、时间的课余性、运动项目的专门性与训练手段的多样性相结合等优点。

（2）体育节。体育节是在课外集中一段时间组织全校学生进行的体育活动。相关条例中规定：学校体育竞赛应贯彻小型多样、单项分散、基层为主、勤俭节约的原则。每年至少举行一次以上的以田径项目为主的运动会。根据条例的规定，高校举办运动竞赛应以校内为主。在校内可经常性地举办班级、年级之间的单项比赛，每年要组织全校性的运动竞赛活动。运动会可采用教学赛、友谊赛、邀请赛、表演赛、对抗赛等多种形式进行，根据实际需要也可组织校际间的比赛和观赏高水平运动队的比赛活动。体育节时间比较灵活，可用一周或几天有目的、有计划地组织这一活动。体育节活动内容应丰富多彩，适应大学生的兴趣爱好，既要生动活泼、富有趣味，又要兼顾知识性和教育性。在举办体育节前要做好充分的准备和宣传工作，调动全体学生的积极性，于相对集中的一段时间内在校园创造一种体育活动的热烈气氛。这对吸引更多大学生自觉参与体育活动会产生良好的影响作用，也有利于活跃校园文化生活。

（3）野外活动。野外就是指山、河、湖、海、草原、天空等自然环境，野外活动就是指在这种自然环境中开展的各种活动的总称。野外活动的内容主要可分为陆域、水域、空域。国内外的实践和研究表明，野外活动具有陶冶情操、强身健体、消除疲劳等效能，深受大学生喜爱，是其他运动所不能替代的有益活动。其活动特点决定了它对大学生的教育意义，同时也是学校教育的内容和终身体育不可缺少的部分。

课外体育活动是对课堂体育课的有效补充，给学生提供了更多发展自我、锻炼自我的机会。在考虑场地和设施的前提下，体育教师应该尽量多地引导和鼓励学生开展课外体育活动，可以成立一些诸如足球俱乐部、排球俱乐部、乒乓球俱乐部等形式的课外体育活动，以加强学生之间的交流与合作，提升学生的体育技能和乐趣，丰富学生的课余生活。另外，适当地开展体育比赛是体育的重要内容，在竞技体育过程中可以加深学生对体育的理解，对培养学生坚韧不拔的意志也有很大好处。

无论是选择体育课堂教学还是课外活动的组织形式，必须根据体育自身的教学内容来选择。对体育教学来说，教师在进行演示和分解教学过程中，都是采取班级教学，这样可以很好地节省教学时间，更合理的利用有限的课堂时间。但在进行自由练习时，教学组织形式的可选择性非常大，应采用自由结合的教学组织形式，营造一种愉快和谐的体育课堂氛围，增强学生的凝聚力。对于那些身体条件较差的学生，可以采取单独教学的组织形式，有针对性地对其进行指导，继而提高体育教学质量。总之，不管哪种教学组织形式，一定要以教学内容为基础，在这个基础上提高课堂的教学氛围，积极实现教学目标。

（五）发展利用现代教学手段

随着现代网络科学技术的普及和发展，计算机多媒体技术在教学中的应用越来越广泛。多媒体技术具有直观、生动、具体、形象、信息量大、信息获取快捷等优点，这种丰富的课堂教学符合现代学生学习的心理要求，可以弥补传统教学方式枯燥的缺陷，优化教学效果。从教育心理学的角度来看，现代多媒体教学手段使教材内容变得生动、直观，许多抽象的意念也变得具体可感，容易激发学生的学习兴趣，也更利于学生理解记忆，对知识的掌握有重要的促进作用。利用多媒体技术可以给学生提供直观生动的图像、音频资料，能以多种元素吸引学生的注意力，使学生的视觉、听觉等感官得到刺激，激发他们学习抽象理论的热情。

从知识的深、广度来看，现代多媒体教学手段在课堂上的运用能有效地提高课堂容量实。多媒体技术的运用使课堂的形式由单一的教学者讲授变为多维形式，有利于突出重点、突破难点，加深对教材的理解，充分调动学生的学习积极性和主动性，提高教学的说服力。

从学习、应用的角度看，随着科技的发展，多媒体技术在社会生活各个方面所占的比重越来越大，学生在校期间能广泛地接触各类电化教具辅助学习，其实也是拉近了与社会、时代的距离，并为其将来适应社会在心理上、技术上作了相应的准备。

体育教学中涉及很多技巧性的内容，单靠言语表达是很难被学生理解的，将多媒体技术引进课堂教学中，可以借助丰富的动画、视频、音频等技术使学生对项目的运行技巧进行观看和模拟，促进学生较快地吸收体育教学的内容，并在实际锻炼中正确的进行运动。

此外，多媒体技术的引进，也可以改善体育课堂教学的氛围。相较于其他学科，体育是一门更注重课外实践操作的课程。因此，很多学生认为课堂的理论教学用处不大，在身心投入上精力欠缺。多媒体技术的引入，使学生能够在枯燥的理论学习中体会到动态的视觉乐趣，能够提升参与课堂学习的积极性，而且，还能使许多本来需要体育教师进行演练传授的动作可以通过多媒体进行，通过观摩专业到位的体育锻炼技巧，更容易改进学生的体育锻炼技巧，提升他们的运动技能，大大提升课堂教学的有效性。

（六）健全体育教学评价体系

传统的体育教学评价体系是建立在以运动技能为核心的教育价值观下，把对运动技能的把握作为一切教学的出发点和归宿，这不可避免地导致课堂教学训练化，导致教师在课堂上只关注运动技能的传授，而忽视了学生的健康、体育兴趣、态度、情感、能力等其他方面的发展。应树立以人格和谐发展为核心的教学理念，教学评价目标坚持以人为本，立足于对学生学习过程的全程跟踪和考查，注重对体育课程过程的教学评价，关注学生的现实表现及其未来的发展，把促进学生的长远发展，提高学生的综合素质作为教学评价的主要目的。

1. 采取多样化的教学评价方法

由于受实际教学中各种因素的制约以及评价技术和方法的局限，任何一种教学评价方法都不可能是万能的，每一种评价方法都有自己的优点和不足，都有特定的适用范围。因此，教师应根据实际评价的需要，合理地使用各种评价方法或采用多种方法同时进行评价，充分发挥各种评价方法的优势，互相弥补不足，更好地促进学生积极主动地发展体育运动水平，从而使体育课程中的教学评价结果更加客观、公正。如：进行团体内差异评价有利于激发学生互相竞争意识，但无法衡量学生实际发展水平，对学生改进体育学习的实际意义不大；进行个体内差异评价时主要把学生学习过程中的各个阶段的变化或各个侧面进行比较，能充分关注到学生的个体差异情况，激发学生自身潜能，但由于是学生个体内自己的比较，弱化了学生的学习目标和方向。各种评价方法都不是完美无缺的，都各有优缺点，因此，单一地使用某种评价方法去评价学生的学习情况是不合理的，评价结果容易出现偏差甚至错误。评价方法的多样化是体育教学评价有效促进学生健康发展的必然取向。体育教学评价的多样化既可大大提高评价结果的信度和效度，又可充分发挥评价的激励功能。

2. 注重评价主体的多元性

在体育课程教学评价中，只有强调评价主体的多元化，才能全面、准确地反映学生的发展状况，更好地促进学生的综合发展。新课程改革下的体育课程教学评价，教师和学生不再处于过去单纯的被动状态，而是处于一种积极的主动参与状态，充分体现了他们在教学评价中的主体地位。将教学评价变成学生主动参与、自我反思和发展的过程，使教师和学生相互理解、相互支持，形成积极、平等的评价关系，将有助于被评价者有效地对被评价的过程进行监控，帮助被评价者认同评价结果，促使其不断改进，获得主动发展。还可使家长也参与到体育课程教学评价中来，将评价变成多主体共同参与的活动，使整体教学评价工作更有成效。

3. 科学选择教学评价方法

教学评价必须根据客观规律，实事求是，努力实现评价标准、程序和方法的科学化。在进行教学评价时，不能光靠经验和直觉，而要根据科学。只有科学合理的评价才能对教学发挥指导作用。科学性不仅要求评价目标、标准的科学化，而且要求评价程序、方法的科学化。

首先，评价方法的选择要有实用性、可靠性。具体来说，所选择的方法与指标一定要有利于数据的收集，又便于理解、掌握和使用，应根据实际情况，因地制宜，有针对性地选取适合的检查、评定方法。为了确保分析数据及所做出结论的可靠性，一定要高度重视受试者的机能状态、训练内容与条件、数据采集等关键环节，以保证评定的客观性与可靠性。

其次，在进行教学评价时，从测量的标准和方法到评价者所持的态度，特别是最终的评价结果，都应符合客观实际，不能主观臆断或渗入个人感情。因为教学评价的目的在于给学生的学和教师的教以客观的价值判断。如果缺乏客观性就会完全失去意义，还会提供虚假信息，导致错误的教学决策。因此，我们应做到评价标准客观，不带随意性、偶然性、主观性。这就要求我们以科学可靠的评价技术为工具，取得真实有用的数据资料，以客观存在的事实为基础，实事求是，公正严肃地进行评定。

再次，在进行教学评价时，要对组成教学活动的各个方面做多角度、全方位的评价，而不能以点代面，以偏概全。由于体育教学系统的复杂性和教学任务的多样化，使得教学质量往往从不同的侧面反映出来，表现为一个由多因素组成的综合体。因此，必须对教学活动进行全面的评价。评价过程中要把握主次，区分轻重，抓住主要矛盾，在决定教学质量的主导因素和环节上花大力气，把定性评价和定量评价结合起来，使其相互参照，以求全面准确地评价客体的实际效果。

最后，检查和评定的结果出来之后，要尽快地反馈给受试学生和教师，这样，他们就能够以此为依据，更好地认识他们所采用的健身方法及其效用，并且为下一阶段的健身计划提供一定的科学依据，并进行适当调整。

4. 优化学生学习成绩考核方式

学生学习成绩的考核是根据教学目标对学生理论知识、运动技能的发展状况进行的客观判断，以鉴定学生学习的成效，同时，还可根据学生成绩改进教学，促进教学水平的不断提高。

传统的学生学习成绩考核方式偏重"教"法而忽视"考"法，重"结果"轻"过程"，重"学会"轻"会学"，不利于对学生成长过程作出客观、公正的评价，不利于调动学生学习的积极性、主动性和创造性。因此，在考核方式上，要重视学生综合素质的考核，考试内容应多联系实际，重点考核学生对原理的理解和把握程度，以及运用原理解决实际问题的能力。

体育教学是为了提供给学生更多地参与锻炼的机会，使学生养成体育锻炼的习惯。因此，在体育考核中，课堂参与率应该是一大考核指标。有些学生天生肢体协调性不够，运动能力不足，如果过多地注重技能考核，有可能会削弱他们参与的积极性。可以通过将考核指标分为几个部分，公平公正地对学生的成绩进行评定。比如课堂到课率、课堂表现、基本技能学习、高难度技能学习等几个模块，每一个模块合理分配分数，在考核中，注重学生的技能提升和身体素质提高的评价，从学生的进步着手，对学生的努力情况进行评价。

二、以体育教学体系外部为主的创新策略

（一）培养创新型教师

1. 创新型教师的具体体现

高素质的创新型教师队伍，是高质量教育的一个基本条件，是实现体育教学方法创新的可靠保证。在体育教学方法创新中，创新性体育教师的能力培养应放在首位。有创新体育教学方法，必须要有创新型的教师。教师创新能力水平的高低对学生创新能力的培养是至关重要的。

（1）完备的知识结构。一名合格的体育教师，其知识结构应具有多学科、厚基础、综合性和实效性的特征，这样才能够适应学校体育工作实践的需要。一方面，体育教师应具备基础的理论知识和专业知识。为保证在体育教学中，使学生真正掌握体育基础知识与基本技能，形成较好的体育能力，体育教师必须掌握人体运动时各器官的结构与生理机能的变化特点和规律，掌握体育的地位、本质功能及一般规律与特性，明确和掌握我国体育教育的目的和任务、体育教学规律、特点及教学原则、方法等体育理论知识，还应掌握各个运动项目的基本理论、动作技术战术、规则、裁判方法及各个运动项目的技战术教学与训练的原理、方法等。体育教师应不断更新自己的专业知识，并将新知识、新观点纳入到体育教学实践中去。除教学中所必需的知识外，教师还应掌握体育社会学、体育人类学、体育史、体育哲学、体育美学、体育行为学、体育管理学等相关学科的知识，以开拓视野，发展思维。在体育教学中，若能善于运用这些知识解决教学问题，还能使学生获得更多方面的知识，从而丰富育人渠道和形式。

（2）崇高的职业精神。职业道德是教师献身于教育事业的根本动力，主要表现在教师敬业、爱岗、无私奉献的精神境界和真挚的教育情感，要求教师热爱教育事业，把教育工作看成自己的需要，对学生要有一种自然的、发自内心的爱，对培养学生的创新精神和创新能力抱有极大的热情。创新型教师应具备崇高的职业精神，这其中包括无私奉献的师魂，诚实正直的师德，全面发展的师观，教书育人的师能，严谨求实的师风，敢于开拓进取的精神。只有具备较高师德的创新型教师，才能充分创造和利用各种有利条件，充分挖掘和发挥自己的创造性潜能，进行创造性的教学；才能热爱学生，尊重学生的个性，善于发现和激发学生的创造性，进而培养出创新性的学生。

（3）全面综合的能力

首先，必须具备全面的教育教学能力。一个合格的体育教师必须具备完成体育教学的运动技术、体育教学能力以及课外体育活动的组织、训练工作和竞赛组织裁判等基本工作能力，要有对课程标准的准确驾驭和处理的能力，具体体现在体育教师科学地选择教学方法、手段，有效地组织好各种教学活动的课堂组织以及教学组织管理和动作示范讲解、对学生的考核评价等诸多方面的能力。

其次，要具有全面的运动能力。体育教师要熟练、正确地掌握多种运动项目、各种身体练习的基本技术和技能，并在此基础上有所专长，使教师的运动能力、技术和技能的储备能够满足各种体育工作的需要。

最后，要具有现代教育技术的运用能力。应用现代教育技术是体育教师必备的教学能力。现代社会已经进入"信息化"时代，互联网的广泛普及应用使得教育信息的来源与更新更加便捷和迅速，利用多媒体等现代教育技术也已成为体育教育发展的趋势。通过网络进行教育、多媒体辅助教学和使用先进仪器等已经在学校体育中得到推广，使得体育教师的教学手段更加丰富多样。同时，现代教育技术的运用可以更大程度地提高教育的效果，体育教师合理地使用多媒体等现代教育技术，可以突破传统讲授、示范等教学方法的局限，将大量的信息生动、直观地展现在学生面前，使学生在有限的时间、空间内获得丰富的感性材料，不仅能有效地提高教育教学的效果，而且对学生提高思维能力、培养创新能力都有着积极的意义。因此，掌握一定的现代教育技术是体育教师适应教育发展的必然要求。

（4）体魄强健，精力充沛

体育教师的工作性质与职业特点，要求他们有强健的体魄、充沛的精力和良好的形象气质。这是体育教师顺利进行工作的重要条件。体育教师健美的体形、端正的姿态、朝气蓬勃的精神面貌和良好的形象气质，无时不向学生昭示着体育运动给人的身心发展带来的积极效果，对吸引学生积极参加体育锻炼有无形的感召力。

2. 创新型体育教师的选拔

对体育教师的选拔主要从思想素质好、专业素质强和能力水平高等几个方面来考虑。具体表现为：思想素质好，热爱体育教育工作，责任心强，作风正，严于律己，能作学生楷模；专业知识面广，在能力上要具备较强的分析问题、解决问题的能力，特别是危机处理能力；在心理素质方面，要求心理素质好，抗挫折能力强，性格开朗，善与人交往，情绪不易波动，并具备心理学的基本理论知识及相关工作的基本方法。

除上述基本的能力素质要求之外，在选拔体育教师时，还应兼顾年龄结构、知识结构、角色结构、选拔方式等方面的问题，切实做到以下几个方面。

第一，在年龄结构上，要形成由不同年龄段人员构成的梯次配备。现代生理学和心理学研究表明，年龄与智力有着一种定量关系，不同年龄的人具备各自的优势。"老年人有丰富的经验和较强的理解力、辨别力，可以起到"老马识途"的向导作用；中年人年富力强，判断力、逻辑思维能力等比较成熟，可以发挥"承前启后"的核心作用；青年人思维敏捷，敢作敢为，可以充任"攻坚战役"的突击队。所以在对体育教师选拔时要注意老、中、青的合理搭配。

第二，在知识结构上，要体现互补的原则。按照系统理论，构成系统的元素越单一，结构越简单，内耗越大，而互补性越强，越产生效益。因此，体育教师在选拔时，要注重专业、智能的互补，既要考虑体育专业，又要考虑相关的其他专业；既要考虑探索型的"思想家"，又要考虑外交型的"活动家"；既要考虑条理型的"指挥家"，又要考虑实践型的"实干家"。这样才能产生有整体效益的思想政治教育工作队伍。

第三，要创新选拔方式，坚持创新发展。选拔体育教师的方式大多采用笔试、面试和部分考察等模式进行。但这种模式存在不少问题，如：周期过长、行政成本较大等。为了确保高效率选拔德才兼优的人才，有关教育主管部门应建立体育教育工作队伍人才信息库，各高校要加强协作，推荐适合做体育教育工作的优秀人才，早准备、早谋划，按需选拔。在选拔环节上要弱化笔试，强化面试，可以借鉴一些先进经验和技术手段，如：智商测验、情商测验、心理测试等，灵活地组合应用，从不同侧面面试人才的素质。

3. 创新型体育教师队伍的建设

体育教师处于体育教学工作的一线，对学生体育活动直接进行组织和管理。因此，加强体育教师队伍建设，提高体育教师理论、实践以及科研等综合水平非常重要。

（1）提高体育教师的职称要求。高校应规范管理，提高任课老师的职称要求，职称与工资、学历、科研成果、课时挂钩，调动体育老师的主观能动性，培养体育老师创新工作的意识，从而带动最基本的论文写作和科研项目的参与。

（2）增加培训机会。在"终身教育"的大背景下，在职学习和培训成了每个体育教师终生的权利和义务。学校和教育部门应该给教师提供更多的培训机会，去接触和了解改革的动态。同时要对培训的机制做出改善，提高培训的质量和教师培训的积极性，而不能只当成形式。在培训过程中，要力戒形式主义，要贯穿理论联系实际、学以致用、按需施教、讲求实效的原则。根据需要，建构完整的培训体系，制定科学的培训计划，精挑细选培训的内容，完善改良培训的形式，配备好教师和专家，并作好培训后的追踪反馈和经验总结。培训一定要起到有效作用，切实增强体育教师用理论指导工作的能力，善于调查研究总结经验的能力，抓落实求实效的能力，使体育教师改变过去的中心意识，并切实加强服务意识。

（3）重视体育教学科研工作。体育教师要加强教学科研工作，总结教学经验，从教学中发现问题，寻找科研立题，通过充分的研究，找出问题存在的原因，寻求问题解决的方法，最终提高教学的水平。加强领导的重视，更能带动整个学校科研工作的推进。缺乏学科带头人引导可以暂时聘请其他学校有经验的专家来做领路人，借鉴别人的成功经验，加快提升各高校的科研水平，逐步缩小与高科研水平学校的差距，培养自己的有科研创新能力的专职老师，打造自己的科研队伍。一方面，要加强体育教研室内部之间的经验交流，定期召开教学经验研讨会，以老带新，逐渐形成梯队式师资队伍结构。另一方面，也可以走出校门，和兄弟院校加强业务上的来往，借鉴别人的成功经验，在有限的能力范围内提升学校的整体水平。

（二）加强体育基础设施建设

体育基础设施是学校体育教育的重要组成部分，很大程度上决定了体育教育发展的水平和质量。体育教学活动的大力开展，离不开体育基础设施的建设。现阶段各学校虽然都拥有一定数量的体育场馆资源，但是对于各学校不断扩招的学生数量，加之不少场馆资源被体育专业学生专用，相比之下，其资源就显得十分匮乏。只有体育基础建设和体育经费满足了学校体育教学活动的需要，才能调动学校、学生和体育教师的积极性和主动性，进而提高学生体育的参与度。

高校可以利用自身的资源优势，通过企业赞助、号召社会捐助等方式，多方面筹集体育经费，从而加大体育基础设施建设，为体育教学的开展提供场地设施保证。

学校体育场地器材设施的建设，要以培养学生的基本体育能力和身体素质为依据，要符合学生的身心发展特点，要根据学校自身的条件尽量因地制宜、就地取材等，充分利用自身的优势，科学合理的设置体育场地器材设施。在进行场地器械修建和安装时，必须遵循科学技术规律，使体育设施能够得到充分地利用，尽量做到场馆不闲置。对于在教学过程中需要产生费用的体育项目，可以让学生适当分担一小部分，对于收费场馆的收费应适当降低，不以盈利为主，要以学生切身利益为重。

还可发展一些对体育场地设施资源要求比较低的体育项目，如体育舞蹈、瑜伽、武术、跆拳道等发展前途好、学生兴趣高、对体育场地器材设施要求低，仅仅需要一片场地就可以进行体育教学的体育项目，在满足学生兴趣爱好的同时，也提高了学生身体素质和体育技能。

（三）强化学校体育行政管理

1. 加强体育教学管理

首先，应加强体育相关文件精神的学习，这样才能了解文件精神，并在以后的体育教学中自觉去践行。

其次，要加强相关体育制度的学习，包括国家有关学校体育规定的相关制度以及学校根据本校实际情况制定的相关制度的学习，其中又以自己学校规定的各项规章制度和上级主管部门规定的各项规章制度为主。通过学习制度，不断强化体育老师严以律己，遵循制度的良好习惯，杜绝工作敷衍现象发生。

最后，要加大对体育课的监管力度。一方面，加大地方教育厅对各高校体育教学的质量评估，督促院领导重视体育教学管理；另一方面，高校自身要加大对本校的课堂教学质量评估及检查，提拔、任用执行力强的中层领导，推动工作。对于不利于整个大环境工作开展的个人或者部门可以采取惩罚措施，并严格执行，强化监管效果。

2. 制订详细可执行的体育教学规划

凡事预则立，不预则废，有规划地进行改革可以对可能出现的问题做出预计，在执行过程中加以避免，同时可以对已经出现的问题作出总结，防止再次发生，当问题发生时，由于规划中已经做出预估，并且提供了不同的解决方案，因而改革的进度将会明显加快，效率将会明显提升。一份完整的体育教学规划应该包括教学的总体目标，阶段性目标，总体任务，阶段性任务，具体面临的需要解决的问题，难以解决的问题及替代方法，具体的执行方案等。

在制订规划的过程中需要重点注意的是规划的针对性问题，由于教学规划的适用范围和对象已经明确限定为本校，所以在制订之前，务必要深度结合本校的具体情况，比如：体育场地设施的建设情况，体育教师的数量和教学水平，学校给予的资金支持情况等方面，只有具体考虑到了所有可能的方面，规划的可执行性才会更强。另外，要考虑到改革是一个循序渐进的过程，所以改革的目标也是一步一步深化的，所谓欲速则不达，制订规划切忌好高骛远，一定要细致具体，并且在实践的过程中不断完善规划的内容。

高校体育教学模式创新与实践

第一节　高校体育教学模式创新理念

一、高校体育教学模式的概述

（一）体育教学模式的构建与应用

1. 体育教学模式的概念界定和结构

教学模式是按照一定原理设计的一种具有相应结构和功能的教学活动模型。教学模式综合考虑了从理论构想到应用技术的一整套策略和方法，是设计、组织和调控教学活动的方法论体系。教学模式在前人成果的基础上将会有新的发展。

教学模式一词最早是由国外一些学者提出的，他们认为教学模式是"试图系统地探讨教育目的、教学策略、课程设计和教材以及社会和心理理论之间的相互影响，以设法考察一系列可以使教师行为模式化的各种可供选择的范型"。综而观之，当前国内大致有以下几种观点：结构论、过程论、策略论、方法论等。我们观之，其相同点是都指出了教学模式的稳定性特点；不同点在于，一个定义是确定教学模式是某种"结构"，而另一个是将其视为某种"方法"。因此，要揭示教学模式的本质，须从其上位概念"模式"谈起。模式的概念涉及人的两方面行为，一是对事物的稳定的认识，二是对事物的稳定的操作，而前者构成认识模式，后者则构成方法模式。所以，认识模式和方法模式，才应当是教学模式的两层基本含义。由此可见，教学模式是教学形式与方法的统一体，其中，"过程的结构"是"骨骼"，"教学方法体系"是"肌肉组织"。

我们把体育教学模式的概念定义如下：体育教学模式是蕴含特定体育教学思想，在特定教学环境下实现其特定功能的有效教学活动的结构和框架。教学模式是对教学经验的概括和系统整理，教学实践是教学模式产生的基础，但教学模式不是已有的个别教学经验的简单呈现。同时，教学模式被看作是沟通理论与实践的桥梁，既能用来指导教学实践又能为新的教学理论的诞生和发展提供支撑，其在两者中起中介的作用。根据对教学模式的认识，与其他学科教学相比，体育教学是一个比较复杂的教学过程。它与学习过程、游戏过程、训练过程等有着密切关系，因此，认知的规律、身体锻炼的规律、技能形成的规律、竞赛规律等都是体育教学过程中必须遵循的规律，体育教学模式必须反映这些方面的特点。

2. 体育教学模式的特点

体育教学模式的特点：随着体育教学理论研究和教学实践的深入开展，出现了各种各样的体育教学模式。尽管体育教学模式的种类繁多，但它们都具有以下五个基本特征。

（1）整体性。教学模式是由教学思想、教学目标、操作程序、实现条件、评价五个要素构成的有机整体，必须从整体上把握其理论原理。

（2）简明性。教学模式是简化了的教学结构理论模型，被称为"小型的教学理论"。

（3）操作性。教学模式区别于一般教学理论的重要特点就是它的可操作性。

（4）稳定性。体育教学模式的确立，实际上标志着新型的体育教学过程结构的确立，既然是结构就必然有相当的稳定性。

（5）开放性。一种教学模式形成以后并不是就一成不变了，而是要在实际的操作过程中不断加以修正、补充、完善，使其针对性和应用性更强。

3. 体育教学模式的建构

近年来体育教学理论有新的突破性进展，如何对在不同教学思想指导下的各种教学方法、教学策略进行比较、剖析，选择适当的教学方法进行教学，从而达到教学效果的最优化成为当今体育教学改革的一个重要任务。建构一种教学模式需要有一定的规范和基本要求。从它的形成过程看，既包括了理论通往实践的具体化过程，也包括了体验通往观念的概括化过程。因此，它既不同于目标和理念，也不同于一般的工作计划。它相对稳定但又变化多端，形成了模式多元化、多样化的局面。

新型体育教学模式的特征：近年来，由于人们对教学模式的普遍关注，在各级各类书刊、杂志上出现了各种各样的体育教学模式，有的还在探索实验阶段。构建新型体育教学模式体现了以下几个方面的特性。

（1）新颖性、独特性。体育教学理论、教学思想是体育教学模式的灵魂。

（2）稳定性、发展性。稳定性是教学模式形成的一个重要标志，对于一个成熟的教学模式而言，都必须有相对稳定的理论框架和操作程序。

（3）多元性、灵活性。多元性、灵活性是当前教学模式研究和发展的一个主要趋势。因此，在构建新型课堂教学模式时应注重统一性与灵活性相结合，建立多元的新型课堂教学模式。

4.体育教学模式构建的基本要素

体育教学模式不同于教学方法，它具有一个相对稳定的教学结构。这些要素在构成体育教学模式中具有不可或缺、不可替代性。教学模式应至少包括以下几个基本要素。

（1）教学目标。教学目标是教师对教学活动在学生身上所能产生效果的一种预期估计，是进行体育课堂教学设计、进行体育课堂教学活动的出发点和归宿。教学目标既要考虑到学生智力因素的培养，又要考虑到学生非智力因素的培养。

（2）操作程序。成熟的教学模式都有一套相对稳定的操作程序，这是形成教学模式的本质特征之一。设计由易到难，由简到繁，由基础到综合的教学程序，既可以适合不同水平的学生，又能激发学生体育兴趣。

（3）实施条件。任何一种教学模式都不是万能的。有的只能适合某一类课型，有的适用几种不同的课型。不可迷信某一种单一的教学模式，应适当变更、调整教学模式，发挥自己的特长，为己所用。

（二）我国新型高校体育教学模式的建构

1.新型体育教学模式的理论基础

教学属于课程中的一部分，建立教学模式必须以一定的课程理论为基础。体育课程目标不仅把增强体质、提高健康水平作为首要目标，而且注重培养学生体育文化素养，同时强调学生个性和创造力的培养，并主张结合体育课程内容的特点，把道德教育和合作精神的培养融合在体育教学过程之中。随着社会的发展，学生对体育的需求呈多元化态势。课程内容只有满足了学生需要，才能激发学生兴趣，形成稳定的心理状态，实现终身体育。在内容上，一是要重视传授终身体育所需要的体育知识，主要包括体育基础知识、保健知识、身体锻炼与评价知识等；二是竞技运动项目的教材化。在时间上，通过体育课程，不但要完成学生在学校期间体育知识的传授和技能的培养任务，还要培养学生对于体育的能力、兴趣、习惯，为其终身参加体育活动打下基础。

2. 新型体育教学模式的现代教学论基础

教学论有许多流派，如探究发现教学理论、情意交往教学理论、认知教学理论、建构教学理论等。下面简要列举一些对建构新型体育教学模式有支撑作用的观点。建构主义教学观认为，教学的目标是充分发展学生的主动性、自主性和创新性，教学目标之一是培养"能够在现实的生活中应用知识的能力"。用通俗的话说，就是学会学习，并能调控自己的学习。建构主义与以往的教学理论相比，更加突出表现出了三方面的重心转移：从关注外部输入到关注内部生成，从"个体户"式学习到"社会化"的学习，从"去情境"学习到情景化的学习。

现代教学理论与新型体育教学模式：纵观各个教学理论流派的观点，其共同之处，便是对"主体性"的追求。其中，学生的自主性主要指学生的自我意识与自我能力，包括学生的自尊、自爱、自信、符合实际的自我判断、积极的自我体验和主动的自我调控等。创造性是学生在主动性和自主性发展到高级阶段的表现，它包括创造的意识、创造的思维和动手实践的能力。教师的教是外因，学生的学是内因，外因通过内因起作用。教学中尊重差异，才能使教育恰到好处地施于每一个学生，才能发挥学生的主体作用。

3. 新型体育教学模式的性质与设计

（1）体育教学模式的基本属性。根据对各种先行理论研究的归纳，提出体育教学模式的几个基本属性：理论性、稳定性、直观性和可评价性。

①理论性。指任何一个比较成熟的体育教学模式都必定反映了某种体育教学指导思想，都是一种体现了某个教学过程理论的教学程序。

②稳定性。一个体育教学模式的确立实际上是一个新型的体育教学过程结构的确立，既然是结构，就必然有相当的稳定性。

③直观性。直观性也可称为可操作性，任何一个新体育教学模式的建立，都意味着它和以往的任何体育教学模式是不同的。这就使人们可以根据其特定的教学环节和独特的教程安排来判断是不是属于此种教学模式。

④可评价性。所谓可评价性是指任何一个相对成熟的教学模式的确定，必有着与其整个过程相对应的评价方法体系。因此，任何一个教学模式都可以对实施这个教学模式的教师给予明确的教学评价，这不仅仅是对该教师对教学模式理解程度的评价，也是对教师参与、认识和学习能力进行的系统评价。

（2）新型体育教学主导模式的设计思想。在实践中可以发现，发挥学生主体性的教学，特别是自我意识的形成，总是从他控到自控，从不自觉到自觉，从缓慢提高到自我监控的飞跃。在学习过程中，教师应引导学生学会树立自己明确的、可行的学习目标，帮助学生制订切实可行的学习计划，反馈和调整计划使之成为自觉，创造条件提高学生自我检查和评价的能力。新型体育教学模式应具备如下特征。

①在教学指导思想上，将把社会需要的体育和青少年儿童需要的体育结合起来，以实现体育教学中满足社会需要与促进学生个性发展的和谐统一。

②在教学目标上，将围绕着 21 世纪对人才培养的需求、青少年儿童身心特点等，加强对学生能力的培养。

③教学程序中，逐步融入运动目的论的思想，让学生充分体验运动学习中的乐趣，引导学生充分理解和参与学习过程，改变过去教师统一化、被动性、机械性的做法。在教学方法上，以主体性教学观为视野，提供个别化和个性化的教学方法。在教学评价上，将以学生生动活泼的学习、个性充分发展、兴趣习惯能力养成、主要学习目标的达成等为基准。

4. 体育教学模式的整体优化研究

（1）体育教学模式整体优化的原理和原则。系统科学整体优化原理：按照高校系统科学理论的思想和观点，任何事物、过程并不是各自孤立和杂乱无章的偶然堆砌，而是一个由各个部分组成的合乎规律的有机整体，而且它的整体功能要大于各部分功能之和。

（2）体育教学模式整体优化的内容。影响体育教学模式结构的因素很多，包括教学思想、教学内容、教学程序、教学方法、教学条件等因素，在诸多的因素中选择了教学内容作为逻辑起点与突破口，对多元体育教学模式进行整体优化。

①根据不同教学思想优化体育教学模式。体育教学思想是制订体育教学模式的灵魂，不同的体育教学思想赋予了具体教学模式生命力，使教学模式有了明确的方向盘，最终去完成它预期的目标。为使教学思想条理化，明确化，使之从整体上符合学校体育指导思想的大方向，根据教材内容的不同性质，把它分类为精细教学型内容、介绍型内容。因此这类教材的教学模式应选择情感体验类模式和体能训练类模式为主，让学生在无技术难度的宽松条件下，一方面提高身体素质，加大运动负荷，可选择训练式教学模式、自练式教学模式等；另一方面通过快乐学习、成功学习，体验运动的乐趣，可选择快乐体育教学模式、成功体育教学模式等。

②根据单元教学不同阶段优化体育教学模式。在精细的教学类内容中，大纲规定了各个项目的学时，以确保各个运动项目单元教学任务的完成，并使学生能熟练掌握几项运动技能。在单元练习的最后一个阶段中，由于学生基本掌握所学的运动技能，应进一步重

复练习和巩固，并注意动作的细节问题，因而在此阶段应以选择能力培养模式为主。

③根据不同的外部教学条件优化体育教学模式。体育教学的条件分为两类：第一，固定的一些硬件；第二，不固定的硬、软件。

④根据学生基础优化体育教学模式。教师是教学活动的主导，学生是教学活动的主体，主导与主体因素构成了体育教学活动的主要因素，因而在选用教学模式时，也要考虑到师生的具体情况、具体特点。

二、合作学习体育教学模式

（一）合作学习教学模式概述

1. 合作学习教学模式的概念及原则

（1）概念。合作教学是一种与权力主义、强迫命令的教学观相对立的一个新的教学观。它是由当代一位杰出的儿童心理学家、教育家提出的。合作教学实验的显著特点是：从尊重儿童的人格与个性出发，建立新型的师生关系，将学生在游戏中固有的自由选择和全身心投入的心态迁移至教学过程中去，从而在师生真诚的合作中实现教学目的。

（2）基本原理。第一，教学过程的发展性原理。合作教学认为，每个学生都具有无限的潜力和可塑性，教学与教育能最大限度地发挥儿童的潜能。第二，教育过程的人性化原理。合作教学提出教师要做到以下三方面以保证人性化的贯彻与实施：①热爱学生。②使学生的生活环境合乎人性。③在学生身上重温自己的童年。④教学过程的整体化原理。教学过程就是要发挥学生的自然力与生命力。⑤教学过程的合作化原理。在现实社会中，常常会发生学生希望成长，愿意学习，但也想玩，又不想失去自由，因此教师就要做到与儿童合作并从儿童的立场出发组织教学。

2. 合作教学模式的理论依据

（1）人本主义教育思想。人本主义心理学所主张的教育思想，对当代学校教育产生了广泛的影响。它强调"以人为本""以学生发展为中心"，重视人的个性需要、价值观、情感、动机的满足，从满足主体生存需要的角度来发展学生的潜能。人本主义教育思想在学科教学中体现的就是主体性教学思想，在教学过程中充分发挥学生的主体作用，最大限度地调动学生的自觉性、积极性、创造性。体育是"人"的体育，是人类文化的积淀，也是人类精神的乐园。体育学习是学习者认识自我这个主体尤其是对自我身体运动的认识，主动变革其身心的特殊的认识和实践过程。

（2）学校体育为终身体育奠定基础的体育思想。该思想强调学校体育要为人们的终身体育服务，要为终身体育打好身体、技能和兴趣与习惯等基础，学会自主学习和锻炼，具有自主学习、自主锻炼和自主评价的能力等。认为运动兴趣和习惯是促进学生自主学习体育和终身坚持体育锻炼的基础，体育教学应基于参加者的需要、兴趣等。

（3）自主学习、合作学习的理念。无论有无他人的协助，一个人或几个人都能主动地判断自己的学习需求，建立学习目标，确认学习所需要的资源，并评价学习成果，这种方式便是自主学习。合作学习，是指在自主学习的基础上，学生在小组或团队中为完成共同的任务，有明确的责任分工的互助性学习，合作可以产生更多的灵感，获取更大的收益，得到更好的体验。体育学习正需要自主、合作的学习方式，由于学生存在着身体、技能、兴趣和爱好等的异同，体育教学应给学生更多的自主、合作学习的机会，让学生学会自主地、生动活泼地与同伴合作学练体育，最终达成学习目标。学生的学习是被教师承包的，教师从备课、上课到布置作业全都是教师根据自己的设想而设计的内容，设计的思想及动机学生一概不知，学生就是被动观察、模仿、训练或练习，他们慢慢地越来越没有激情，越来越依赖教师，离不开教师。因此，要让学生做自己学习的主人，学会自主、合作学练体育，就必须有一种适合自主、合作学习的教学模式，使学生把握自己的学习，而不是教师驾驭学生的学习。

（二）合作体育教学模式运用

1.适用范围与教学原则

（1）适用范围。合作体育教学模式需要学生具有较强的自我控制和自我管理的能力，根据体育教学要适应学生身心发展规律，我们利用自身教学的有利条件，在高校公共体育课和中学体育课教学中进行了实践，确定了自主合作体育教学模式最适合的范围是高中生和大学生体育课。

（2）教学原则。教学原则是保证教学效果的基本要求，运用自主合作体育教学模式除了应遵循一般的体育教学原则外，还应把握四个方面的原则：第一，自主性原则。教师应尽量设法提高学生学习的自主性。第二，情感性原则。自主合作体育教学模式更应重视情感教学，教师富有人情味的教学，可以促使学生更自觉地趋向学习目标。第三，问题性原则。教学必须带着问题走近学生，问题设计要针对学生的实际，要科学地运用教育学、心理学的理论分析课堂教学的各组成因素。第四，开放性原则。主要包括三个方面，一是课堂教学形式要有开放性，二是课堂问题设计要有开放性，三是由点到面，由此及彼地去解决学习问题。

2. 合作体育教学模式的意义

首先，"合作学习教学模式"以尊重的教育理念为指导思想，符合现代教学理论的基本要求，其实验研究从时代特征和学生的特点出发，具有一定的现实意义。其次，"合作学习教学模式"有效地利用系统内部的互动，使教学资源得到开发和利用，提高了学生的参与意识。改变以往传统教学中"讲解练习"的教学模式，利用组内成员的互帮互学，可以使学生产生愉快的心理体验，从而养成终身锻炼身体的习惯。

"合作学习教学模式"鼓励学生一起去达到目标，增加同学之间的交往，有效利用竞争与合作，培养学生的集体责任感和荣誉感。构建大学体育"自主探求、学教互动"能力型教学模式是大学体育课程特殊性的要求。大学体育"自主探求、学教互动"能力型教学模式充分体现了"以学生为主体，以教师为主导"的教育理念，是学生主体与教师主导的相互作用而建立起来的稳定的教学活动程序。以体育俱乐部制为组织形式、以小组或团队合作为学习方式，以运动态度为重点的体育形成性考核方法是实现大学体育"自主探求、学教互动"能力型教学模式的基本形式。

三、多媒体网络体育教学模式

（一）体育网络课程概述

1. 体育网络课程的概念

什么是体育网络课程，至今，体育教育界并没有一个统一的概念。体育网络课程除了要考虑课程建设的一般要求外，还要考虑教育信息的传播方式发生改变而产生的教育理念、教育模式、教学方法等的诸多变化。

2. 体育网络课程的特征

体育网络课件的特征：第一，运动动作图像化。受体育专业教学方式的影响，直观教学作为体育专业传授技艺和学习技能的重要手段之一越来越被重视。体育网络课程资源开发的过程中，教师可以通过对运动数据的捕获、生理生化和心理数据的采集、图示化训练效果分析，提高体育网络课程资源的有效性及其质量。第二，图像动作仿真化。从运动技术这一视角来看，运动成绩要获得提高或者突破就必须在运动技术研究方法学上完成两个转变。运动技术仿真是要通过虚拟现实技术再现学生的技术动作各细微环节、教练员的训练意图以及训练过程。第三，动作仿真微格化。随着计算机辅助教学技术的进步，体育教学的一个重要内容是讲解技术动作的分解变化过程、与技术动作相关的步伐或姿势变化过程、集体项目战术配合中的队员位置及运动线路变化过程等。

3.体育网络课程的目标

课程目标是课程开发的起点和归宿，它直接影响整个课程的设计、开发方向，决定着课程的实现与收效。我们以体育教学论网络课程为例：体育教学论网络课程的目标就是要结合体育学科本身的特点、教育目标、培养目标、学生特点以及社会需求而制订的。第一，使学生掌握体育教学基本规律，指导其当下的专业学习以及今后的体育教学实践工作；第二，使学生把握体育教学的基本要素，客观地认识体育教学本质；第三，使学生掌握体育教学方法，提高教学技能；第四，推动体育教学研究。

（二）体育网络课程开发模式及其管理

1.体育网络课程开发的理论基础

（1）体育教学设计论。体育教学论网络课程的开发，只有坚持体育教学设计论，才能有效地依照体育教学的原则，通过体育教学目标设计、体育教学方法和手段的设计达到体育教学论网络课程教学的最优化。

（2）建构主义学习理论。建构主义学习理论认为，学习者应在一定的情境中获得知识，以"学"为中心进行学习环境设计。因此，它要求教师在依据建构主义学习理论进行课程开发与实施的时候，强调和注重情景、问题、学习资源、协作、互动、交流、引导等支持自主学习的教学策略的设计，设计多元而又富有个性的学习内容和学习方式。

（3）人本主义学习理论。学习不是刺激与反应间的机械联结，而是个人潜能的充分发展，是自我的发展，是一个有意义的心理过程。因此，体育教学论网络课程开发在坚持建构主义学习理论的同时也必须注意到人本主义学习理论对体育教学论网络课程的影响，重视以学生为中心，重视创设真实的问题情境和协作学习模式，让学生充分获得自己想要的体育知识，实现自己的潜能。

2.体育网络课程开发原则

（1）科学性原则。体育教学论网络课程开发是一个庞大的系统工程，它涉及面广，影响大，因此其科学性原则要求相当高。主要体现在两方面：一是体育教学论网络教学内容的科学性；二是体育教学论网络课程平台的科学性。

（2）开放性、协作性与交互性并举原则。能让教师方便、及时地对课程的体系和内容进行调整和更新，首要的问题就是实现其开放性。技术的开放要求其设计者留有必要的技术接口以备技术升级；内容的开放要求教师调动多方面的积极性，充分利用教学资源对体育教学论网络课程不断充实、完善协作性观念提出的同时也对交互性提出了要求，教师通过交互可以使他们更全面、更及时地了解各个层次学生的学习情况，及时调控自己的课程教学。通过交互学生可以选用不同的路径、不同的方式进行自主学习。开放的体育网络课程为体育网络课程体系搭建了一个平台，在这样一个平台中通过协同工作，多向互动，充分实现师生之间、学生之间和人机之间的信息交流，使体育课程教学成为一种多向的信息流动过程。

（3）可持续发展的原则。用科学的理论，带动体育网络课程开发的进一步发展，最终实现体育网络教育的可持续发展。

3. 体育网络课程的开发流程及教学设计

（1）体育网络课程的开发流程。目前，网络课程开发，大体分两种模式：一是教师课题组模式，二是商业公司制作模式。前者只注重了从教学设计上开发网络课程而忽略了网络课程的开发，后者只注重教材、教案的网上摘抄，缺乏对先进的教学设计思想、有效教学内容的组织及丰富教学活动的实现。因此，需要体育教学论网络课程开发流程提出一种既考虑软件工程设计思想，又考虑体育教学设计原则以及教学支撑环境的开发模式。

（2）体育网络课程的教学设计。体育教学论网络课程教学设计的好坏决定了整个课程质量的高低。体育网络课程能有效克服传统体育教学设计的弊端，突出以"学"为中心，强调和注重情境创设、协作、互动等支持自主学习和协作学习的体育教学策略设计，使教学设计在整个体育网络课程的教学过程中发挥前导和定向功能。只有把教师主导作用的发挥和学生主体地位的体现有机地结合，才能有效地达到体育网络课程所要达到的"主导与主体结合"的教学设计思想。

（3）体育网络课程实践教学的设计思想。体育网络课程实践教学设计贯彻"围绕课程内容，将理论运用于实践，将实践提升到理论"的思想。在理论课的教学中，我们也改变过去由体育教师"一言堂"的教学形式，运用现代教育技术手段，采取多种实践性教学模式，如：参与讨论的模式、案例教学模式等。

（4）体育教学论网络课程支撑环境的整体设计。体育网络课程支撑环境是指支持体育网络教学的软件工具、教学资源以及在网络教学平台上实施的教学活动。因此，体育网络课程教学支撑环境的设计是体育网络课程开发的一个最重要环节。

第二节　高校体育教学模式的理论与实践

一、高校体育教学模式现状及发展趋势

（一）我国高校体育教学模式的现状

1.高校体育教学的基本模式

我国高校体育教学在长期的发展过程中逐渐形成了多元化的教学模式，各种教学模式在高校体育教学中发挥了巨大的作用，当前，我国高校体育教学中使用的较为普遍的教学模式主要有以下几种。

（1）"三基型"模式。"三基型"体育教学模式是我国高校体育教学的传统教学模式之一，在我国高校体育教学中拥有较为悠久的历史，所谓"三基型"教学模式指的是体育教学过程中注重对学生进行基本的体育知识、基本技术和基本技能的培养，以班级为单位进行授课。教师的主导作用得以充分发挥，学生能够获得较为扎实的体育知识并获得相应的体育技能，有利于体育教学活动的有效开展。随着我国高校体育教学改革中对学生主体性地位的重新认识和重视。这种教学模式事实上已经退出了我国高校体育教学的日常教学模式了。

（2）"三段式"模式。这种教学模式是为了克服三基型教学模式的弊端而发展起来的，在主要将大学阶段的体育教学分为基础课、核心课以及专业选修课三阶段，并且在一年级、二年级和三四年级分别进行，这就在一定程度上对学生的主体性地位予以了尊重，既重视了学生基本的体育知识的传授，又在此基础上培养学生的体育技能以及良好的体育习惯及能力等，在三基型的基础上有所提高，其目前是高校体育教学的"主力"。

（3）"一体化"模式。这一模式是近年来出现的新的体育教学模式，其主要目标是通过高校体育课程培养学生良好的体育意识、体育习惯。将学生的日常体育活动，如：早操、课间操以及体育课堂等联系起来，是一种较为理想的教学模式，但是其对于教师的要求较高，尤其是对体育教师进行教学组织、课堂管理的要求过高，使得教师的教学任务过重，在实际中难以真正开展实施。

（4）"并列型"模式。这种模式主要是打破以往高校体育教学中将基础课程和选修课程按年级分开进行的做法，而是将这两种课程在一年级和二年级分开进行，其有助于大大

提高学生对体育教学的热情和积极性，有助于课堂质量的提高，能够有效开展因材施教的体育教学。

2. 当前我国高校体育教学模式的基本现状

（1）随着我国高等教育改革实施的不断深入，高校体育教学的改革也已进入到新的阶段，各种新的教学思想、教学理论纷纷进入到高校体育教学中，推动着作为体育教学的重要载体的体育教学模式进行不断的改革，同时，学生对体育教学质量新的要求等也都不断对高校体育教学模式的改革施加着新的动力，这些都使得高校体育教学模式加快了改革步伐，以对新的改革要求做出积极回应。

（2）高校体育教学模式存在多样化，并将在一定时期内继续存在。从以上分析可以看到，当前我国高校体育教学模式存在着多样化，体育教学中存在着多种教学模式，这主要是由我国高校众多，高校层次、种类等的不同造成的，随着我国高校体育教学模式的改革步伐的不断推进，高校体育教学模式也将快速走向科学化。

（二）我国高校体育教学模式的发展趋势

1. 培养大学生的体育健康意识

现阶段，我国对于体育运动越来越重视，不科学、不合理的体育运动会损害人民的健康。所以，体育教师在上课的过程中一定要依据每位学生的不同身体素质进行教学，使得体育运动符合学习的实际情况，从而促进大学生的身体素质的提高。除此之外，在体育教学过程中，体育教师还要重视学生的心理健康，对大学生进行适当的成功教育与挫折教育，提高大学生的心理承受能力，使其不仅能够身心健康发展，还能够适合国家发展的需求。

2. 创新教学理念

教学改革，理念先行。我们要积极学习新的教学理念，把新的教学理念学懂、弄通、用好。积极采用学生主体、教师主导、因材施教、探究学习等新的教学方法，努力调动学生自身学习的积极性、主动性，使素质教育提倡的面向全体学生，促进学生全面发展的教学理念落到实处。

3. 创新教学手段、方法

现代化教学手段有利于激发学生的学习兴趣，提高学生学习效率，电教化的学习手段在现代化的今天应该被充分利用起来，体育运动技术的学习更直观形象、精彩赛事的播放更有利学生体育水平的提高。教学方法应该与时俱进，培养学生创新能力，教师就必须采用培养学生能力的教学方法。发现法就是其中的一个，在教师循循善诱的情况下学生主动思考，教师再给出答案，不能把现成的答案直接告诉学生，如果直接给出答案的话，教学效果比较差。再就是小组合作学习法。教师把一个班的学生分成几个小组，在分组练习环节，学生在小组长的安排下自主练习，互相讨论、互相学习、互相帮助，既调动了学生自身学习的主动性，又培养了学生发散思维，从而潜移默化地培养学生创新能力。

4. 适当融入娱乐体育的观念

体育运动现阶段正如火如荼地发展，而体育运动的娱乐功能逐渐地显示出来，并且体育运动也逐渐地融入普通家庭生活当中。现在体育运动不仅仅能够强身健体，还可以娱乐身心，这表明国民对于体育运动的认识在逐渐地深入。高校体育课程也可以跟随时代潮流的发展，除了传统的体育项目如田径、球类运动之外，体育教师还可以在体育课堂中加入新的体育项目，丰富高校体育课堂的内容，促进大学生的全面发展。

5. 教学评价要注重科学与民主

进行高校体育教学改革，不仅仅要改革教学内容和教学方法，还要改革教学评价。新的高校体育教学评价要充分重视大学生的主体地位，降低结果性评价的比重，要增加教学过程中评价的比例。除此之外，评价标准不可以一刀切，要依据不同年龄、不同学科、不同身体素质等具体特点去选择不同的评价方法。

综上所述，高校体育教学对于大学生的身心健康发展起着非常重要的作用，因此，高校体育教师必须要重视现阶段我国高校体育教学模式在实际教学中的应用，发现问题解决问题，促进我国高校体育教学的健康发展，促进大学生的身心健康。

二、高校体育教学模式要整体优化

高校体育教学模式是指在一定的教学思想或教学理论指导下，建立起来的较为稳定的体育教学活动结构与活动程序。旨在通过一定限度的体育专业性学习，建立基础较为完备的体育认识体系，在课余生活中健身娱乐、怡情修身，以达到培养德、智、体、美、劳全面兼顾、完备发展的全能型人才。只有明确体育教学模式中的 3 大要素，即教学指导思想、教学过程结构、教学方法体系，并逐步改革再创新，使其更为契合时代发展要求，各个环节不断巩固加强，环环相扣，才能使之全面优化，更加符合当今教育主题。

（一）高校体育教学模式的三大要素

1. 教学指导思想

教学实施的主体对象是学生，应秉持以生为本的原则，将学生个人能力的稳固提升和长期可持续发展放在第一要义，以塑造现阶段新型全能型人才为教育最终目的。贯彻素质教育和终身教育，以终身教育为标杆，将教育伴随终生。以素质教育为主题，将教育落到实处，并以德、智、体、美、劳多元化要素辅助，促进学生身心素质全面发展。作为体育教学中的骨架，构造一个合理且牢固的框架，树立积极的指导思想，是体育教育在现阶段中贯彻实行的先决要素。

2. 教学过程结构

受到天气及场地等诸多不确定因素的影响，在体育教育中时常出现意外，严重影响了教学计划的有效实施。而这些不可预测性因素的影响，恰好考验了教师个人的应变性和灵活度，使得教师与学生的默契配合与相互尊重显得尤为重要。这也从另一方面说明，体育教育急需更多的关注度和投入效力，需要学校硬件设施的进一步投资与加强，把更为完善的体育教学设施投入教学活动中，以应对不确定的突发性状况，对教师应对能力的提升也同样需要高要求的素质培养。相比于一般的学术性教育，体育教育更多的是学生的实际参与度，是一种更加直观的可变性过程，其结构的合理性与否体现在学生能否适应教学节奏与模式，以达到最大限度地实现教学目标。与专业的竞技体育训练目的不同，高校体育课程的开设旨在锻炼身体，促进学生身心健康与文化学习同步提升。通过贯彻健康第一的理念，激发学生的运动热情，丰富业余生活，达到终身体育的健康意识。教学结构作为体育教育的核心，将教学指导理念与实际情况相结合，形成多元化、高效化的课程结构，以谋求终身体育意识的发展，是实现整体优化的核心任务。

3. 教学方法体系

与拘束在单一教学空间的传统知识函授相比，体育教育有更多的可操作性与灵活性。不受单一人员和场地的限制，体育教学有更加丰富的教学内容与更加广阔的教学空间。从田赛到径赛、从排球到网球，风格迥异的体育项目为体育教学提供了丰富的教材实例，也让学生有了更多的主观选择权与教学参与度。内容的可操控性更有利于激发学生的学习兴趣，根据自身能力的发展和身体素质的不同，有选择、有需求的学习，因人而异、因材施教，多元化的教学体系促进自身的个性发展，使每一个学生都拥有自身的独特性，成就鲜活而不可替代的个体。教师还可以根据所处地域的区域特色，因地制宜，创建具有地域特色的独到的教学活动，让学生在亲身经历中更加有融入感，积极配合教师的教学。只有通过高质量的课堂教学，学生与教师的默契配合与相互协调才能使得课堂效率提高，达到事半功倍的效果，而高效课堂的塑造离不开教学方法的引导。因此，切实寻求一种高效率、高参与度的教学体系至关重要。

（二）体育教学模式整体优化的原则

1. 整体性原则

体育教学模式的整体优化，其整体性原则是将体育教学模式看作一个系统，它由纵横两个轴向构成，纵向是由学年、学期、学段、单元和课时组成；横向是由实现教学的手段、方法组成，教师在进行课堂设计时，要使学生调动积极性来调度和操作课堂，对体育教学的大环境做一个具体的、整体的判断和分析，这是体育教学模式的整体优化中整体性原则的体现。

2. 关联性原则

（1）教学目标和学生接受限度相匹配。学生能够理解和接受教师在教学目标设定中的高度和梯度，并能够按照教学方案实施进行，这就是有效的可以达到的教学目标。反之，有五成及以上的学生未能达标，教学目标就应该被重新设定或更换。

（2）教学条件的利用限度和学生训练达标层次的相关性。体育教学在已有条件的利用上，总有具体条件的限制，例如：器材的陈旧，场地的不足，可利用器材和人数上的不成比例，都让教师在教学条件利用和开发上要兼顾实际情况和教学目标的平衡。

（3）在教学中，对学生情况的检测和体能、体质的分配。体育教学和其他课堂教学的最大不同，是除了应有的理论教学外，它有大量的运动技能学习，这是需要学生绝对参与并亲自练习的动态式教学。

3. 综合性原则

体育教学模式的整体优化在关联性中对局部因素进行关系分解和比重考核后，在教学结果的评测阶段要注意综合性原则的应用。检测教学结果的有效方式就是测试。教师要对每一次总结出来的未达标因素进行收集、归类，通过课堂外的研究分析，寻找解决的方法，并将方法作为教学手段再次投入课堂教学训练中。

（三）高校体育教学模式整体优化的策略

经济发展伴随着社会文化生活的改变，体育教学模式的整体优化也被提上日程，并成为改革的核心与重点。分析高校体育教学模式的要素组成，如何对教育模式进行整体优化以求达到教育实践活动与社会发展相接轨是一项任重而道远的时代使命。

1. 教学结构合理化

因为教学场地受限等诸多不利因素。使得教师课堂教学长期拘泥于某种单一化教学模式，体育教学的多元性与可变性等学科属性得不到生动体现。该问题的解决需要学校投入更多的人力和物力。除硬件设施这类客观问题外，教师个人能力的体现也格外重要。教师在教学中要秉承以学生为主的观念，通过积极地引导，实现学生个人主观意识的最大化发展，让学生成为自己课堂的主人。学生作为一类有个性化的群体，教师除了面向每一个学生的学习需求外，更多的是尊重每一个个体间的差异，进行个性化教学和引导，满足每一个个体的能力培养要求。为避免教学结构的单一化和强制化，充分发挥个人所长，可根据学生的兴趣方向和身体差异，开设多门课程自我选择，以自身发展为出发点制订最优选择方案。

2. 寻求最优化教学体系

时代的发展使得体育教学中诸多问题得到重视，当务之急并不是如何快速解决这些问题，而是寻求一种最合理的教学体系，从根源避免问题的再次发生。要以一种平和稳定的心态去面对问题，以自身实际问题为考量对象，以学生的切实利益为出发点，在不断地改革再优化、不断重复交替的过程中，稳住脚步，愈加精进。细水长流，才能走得更远；专注务实，才能飞得更高。只有坚定以育人成才为最终目标，使终身教育的观念深入人心，奠定个人身心长远发展的素质基石，充分调动自身发展个性，才能造就德、智、体、美、劳全面发展的人才，真正让学校成为人才培养的摇篮。

在我国高校体育教学不断发展的过程中，首先，对教学模式中的各个要素进行全面的分析与了解，积极掌握各个教学要素的主要内容与重要作用；其次，在此基础上更好地对高校的体育教学进行整体优化，其最终目的是为了明确体育教育的教学观念、教学结构与教学体系在教育体制中的作用，更好地为人才优化培养提供服务。因此，笔者认为充分调动和发挥教育体制改革的有利因素，以最优化的手段对教学模式进行再优化、再创造是促进国家新型人才持续发展的重要推动力量，同时也是极好的资源储备力。

三、高校体育教学模式运用中发挥学生主体性

随着社会的快速发展，人们的体育需求剧增。高校体育教学要顺应这一转变，突出学

生体育素质发展，基于以学生为主体设计体育教学，优化高校体育教学模式，构建新型教学模式，提升高校体育教学的效率，为学生终身体育发展奠定坚实的基础。

（一）发挥学生主体性的必要性和重要性

1.深化体育教学改革

（1）传统教学模式无法满足学生和教学的需求。

（2）高校传统体育教学强调体育教学的规范和统一，教学方法和教学内容单调。

（3）填鸭式讲授方法使学生缺乏运动思维的实践。

2.培养高素质现代化人才

（1）体育教学中发挥学生主体性有利于学生社会责任感的培养。负责是对每一个人在人生各阶段承担的重要角色共通性的道德要求。高素质、现代化人才的一个重要的衡量标准是是否具有社会责任感。社会责任感的形成是多方面因素共同作用的结果，而高校学生在体育教学中发挥主体性在其中发挥着重要作用。在体育教学活动中，学生主体性的发挥是一种主动介入，体现的是学生的一种"自由"的状态，意味着权利和义务的统一，高校学生在体育教学活动中的责任是完成教学任务。在体育教学中无论是教学分组、保护帮助还是协助活动都会培养学生既对自己负责又对他人负责的意识和精神。所以体育教学中发挥学生主体性有利于高校学生社会责任感的培养。

（2）体育教学中发挥学生主体性有利于获得成功的情感体验。在高校体育教学中，学生发挥主体性，在体育教学过程中亲力亲为，获得生活体验和培养生存能力。在教学体验中成功地掌握一项运动技能或者成功地带领自己的小组取得体育比赛的胜利，都会给学生带来满足感和享受感，这有利于学生获得成功的情感体验。

（3）体育教学中发挥学生的主体性是提高体育能力的有益尝试。现在越来越多的人意识到身体的重要性。学生主动参与到体育教学活动中，为教学活动提供了活力，体质差的学生增强了体质，体质好的学生进一步巩固了体质。学生利用自己的认知，对外界信息进行选择和推断，主动的构建外部信息的解释系统。在这个发现问题，解决问题的体育教学过程中学生不自觉地提高了自身的体育能力。

（二）体育教学模式中发挥学生的主体性

在体育教学模式程序中教师是主动的决策者和建设者，是学生学习的促进者和合作者，学生是教学的主体，其程序要围绕一切为了学生、为了一切学生、为了学生的一切这个中心，要让学生充分体验运动学习中的乐趣，满足学生的个体需要，尊重学生的自我选择，教师指导学生自定目标、自我评价，逐渐培养其自学自练及创造性思维和相应的体育能力。在体育教学模式选择运用过程中，教师应从转变教育观念入手，树立"一切为了学生发展"的教育理念，在教学过程中贯穿始终。

体育教育教学的实质是引导学生学习和促进其主动发展，为了在教学中体现这一实质，首先要确立以下教育理念：第一，教学要体现个性。一方面在教学中应把促进学生个性发展作为基本目标；另一方面在班级教学的条件下，要关注学生的个体差异，因材施教，让每一个学生获得成功。第二，教学过程中要体现自主性。把激励学生自主的活动放在首位，使学生在活动中能表现自我，促进其个性发展。第三，教与学的过程要体现出合作性。具备与他人合作共事的愿望和精神，具有协调和组织能力，是高校学生获得主体性发展的重要目标。

1. 在体育教学中启迪与培养学生的主体意识

所谓主体意识，是指作为认识和实践活动主体的人对于自身的主体地位、主体能力和主体价值的一种自觉意识，是主体自主性、能动性和创造性的观念表现。自我意识是学生主体对自身及其发展的自觉自我意识，包括主体对自己机体活动的状态以及对自己思维、情感、意识等心理活动的认识。在体育教学中，为促进学生自我意识健康、迅速地发展，要尊重学生的独立意识和"成人感"。学生作为教学中的一个独立因素，要保证他们有独立的学习空间、独立的活动时间、独立的人格空间。教师应与学生平等相处、以诚相待，调动学生运动的自主性和积极性，让学生主动地参与到教学活动中，提高自我意识。

（1）问题意识：学生主动质疑、存疑、设疑、问疑的自觉意识。在体育教学中，为了提高学生的问题意识，教师在教学过程中要有计划、有目的地设置问题，并鼓励学生提问，让学生带着问题学习动作，养成不断提出问题、独立思考、自我探索、自我创造、自我实现的习惯，使学生能够从本质的高度来理解和掌握体育技术动作。

（2）参与意识：学生全身心地投入并参与教学活动的自觉意识。在协作交往思想的指导下，让学生主动地参与练习，积极的思维，产生积极学习的愿望，使每个学生都积极参与到教学过程中来。教师要把握好学生参与的时机，选择适合于学生参与的内容，精心设计教学的每一个环节，让学生尽可能地参与。同时应注意分层教学，不同学生的参与机会要因人而异，兼顾全面性与层次性，使学生的参与意识牢固、持久。在培养学生参与意识的同时，还应注意学生合作意识的培养，让学生形成主动地寻求学习伙伴并共同探索问题的自觉意识。通过不断地交流与合作，使语言、情感、思想都得到沟通，互相尊重，进而促使学生的组织能力和交往能力得到不断地提高。

（3）评价意识：学生主动对人或事物做出判断的自觉意识。在体育教学过程中教师要尊重学生的评价，对教学要有自我否定的概念，经常开展批评与自我批评。注意培养学生的评价意识，对成绩、运动技术做出科学的评价，也对教师的教学做出公正的评价。为了充分发挥学生评价的主体性，教师可安排诊断会、交流会，让学生发表自己的各种评价，不断提高评价意识。总之，学生主体意识的觉醒，意味着学生主动地参与自身发展，是他们主体性充分发展的开始。

2. 营造民主、和谐的课堂气氛

民主平等的人际关系，尤其是民主的师生关系，以及由这种关系营造出的生动活泼、愉快和谐的教学氛围，是学生主体性发展的基本条件和前提。发扬教学民主，是指在教学过程中，师生相互尊重、相互配合，创造一种自由宽松的民主气氛，利用融洽的师生关系与和谐的心理氛围促进教学活动的顺利进行。在教学过程中，教师要诚心诚意地把学生当成学习的主人，强调发挥学生的潜能，启迪学生"我要学习"的需求，从而形成相互尊重与信任的支持型氛围。因此，营造民主、平等、宽松、和谐的教学氛围，不仅是一种提高教育质量的手段，还要成为一种教学目标去追求并努力实现。

（1）构建新型师生关系，为促进学生主体性发展，营造良好的人文环境的新型师生关系是指教师和学生在教育、教学活动中形成的相互关系，包括彼此所处的地位、作用和相互对待的态度。第一，师生之间应该相互尊重。在体育教学中教师应把丰富的感情和爱心运用到整个教学过程中。教师对教材的处理要充满"爱"的渗透，意识到自己的职责并不是把枯燥的知识塞给学生，而是做学生的朋友，激励学生去思考，在交往中让学生获得活的知识。第二，在教学活动中师生的密切合作，形成一种相互理解的伙伴关系。教师应充分认识每一个学生，了解每一个学生的特性，以一颗诚挚的心与学生进行交往，才能够得到学生加倍的爱戴，才能够使学生成为教学活动的积极参与者和主动合作的伙伴。第三，建立双向互动的新型师生关系，为培养学生的创新能力提供平台。总之，在处理师生关系上，应强调以是否能调动学生的学习积极性，是否有利于学生的发展为准则，这样可以保证在教学过程中形成有利于学生发展的条件和环境。

（2）给予学生自由的空间和时间。在体育教学过程中让学生有更多的自主权，有选择的自由。学生可以对有关问题充分发表自己的意见和见解，可以随时向教师提出问题。在学生需要指导时，还要尽量提供多种方法让其自由选择。允许、肯定和赞扬创新精神，尊重学生的主体地位和主体意识，使学生成为名副其实的学习的主人。教师只提供参考意见，积极与学生一起学习，依据事实，客观评价学生的学习效果。充分了解学生，努力做到根据学生的不同情况区别对待，在不影响整个班级教学的情况下，乐意给个别学生以帮助、指导和援助。

（3）关注学生的运动情感体验。在体育教学的过程中，在控制和激发教师自身感情的同时，要培养学生自身的情感，要赋予适宜的力度与内容，就是在体育教学中给予学生心理和生理上的刺激要适当，练习的内容要多样、生动，教学手段与方法须得当，让学生在学习知识和进行练习的过程中，有明显的情感体验，以取得最佳的效果。能够获得愉快和成功的情感体验是培养学生体育学习兴趣和终身体育意识与习惯的关键，是学生自觉、主动、积极地进行体育学习的重要条件，是实现体育课程目标的有效保证。教师要力图根据学生心理活动的规律来组织教学，结合教材特点选用教学方法和教学模式，关注学生的运动情感体验，使学生在体育教学中能够得到愉快的心理满足。教师还要通过挖掘体育教材中的兴趣因素，使教学内容更加贴近学生的实际，教学方法更加活泼有趣，运用体育特有的特殊魅力来激发学生的求知欲，通过趣味性的教学方法，激发学生自主参与体育学习的热情。

3. 在教学评价中体现主体性

体育教学的评价内容一般包括两个方面：一是学生所掌握的理论知识、技术、技能和身体素质等方面；二是学生在课堂上表现出来的态度、兴趣、动机、情感、意志等非智力因素方面。教师公正、准确、及时、灵活的评价，有利于学生正确认识自己和课堂内容，准确地给自己定位，进而激励自己不断进取，并获得这种不断进取的能力。

高校体育科学化训练探索

第一节 运动训练概述

一、运动训练学概述

（一）运动训练学的发展历程

从 1896 年第一届奥运会开始，现代竞技体育就和运动训练结下了不解之缘。随着竞技体育的发展，人们也越来越认识到运动训练理论在竞技体育中的作用。当我们站在历史的高度回顾竞技体育发展历程的时候，我们可以看到，运动训练学与竞技体育始终形影相随，运动训练学成为竞技体育更高、更快、更强的强劲动力。

运动训练理论对竞技体育的推动作用并不是同步发展的，而是在竞技运动发展到一定限度，竞争日趋激烈，此时传统的经验式训练已不足以满足竞技运动需要时而产生的。

（二）运动训练学的基本理论框架

在项群训练理论未建立健全并被引进运动训练之前，对于运动训练学的研究主要从两个层次展开：一般训练理论和专项训练理论。

运动训练理论首先源于各个专项训练实践和专项训练理论。一般训练理论是专项训练理论发展到高级水平的必然产物，是从各专项训练理论中总结出带有广泛适用性的共性规律，并使其上升为对不同项目的运动训练活动具有普遍指导意义的理论，它的形成和发展促进着运动训练实践和专项训练理论更进一步的提高和发展。我们所谈及的"运动训练学"，通常指这种阐明运动训练基础理论和训练过程中带有共性及普遍性问题的理论体系，即一般训练理论（一般训练学）。

从 1983 年第一本《运动训练学》专著出版，到 2000 年新版《运动训练学》的发行，以及国内出版发行的许多"运动训练学"专著或教材，在内容体系上都非常相似。主要内容包括：运动训练概述、运动训练的原理和原则、运动训练方法和手段、体能训练、技战术及心理训练、运动训练计划、运动训练的管理等。

在项群训练理论建立并被引进运动训练学之后，运动训练理论的研究领域就由原来的两个层次拓展到了三个层次。项群训练理论的提出，成为联系一般训练理论和专项训练理论的纽带和桥梁。加强了一般训练理论与专项训练理论的互动，使"运动训练学"从指导运动训练实践的上层理论变得更为具体和实用。但我们从最新的《运动训练学》教材可以看出，项群训练理论的引入，充实了运动训练学的内容体系，使其更加丰满和科学。然而，项群训练理论的引入，并没有从根本上触动和改变运动训练学的结构体系，它只是对原有运动训练学做了内容上的扩充。一般训练理论与现代高速发展的竞技体育之间的矛盾已经在很多方面突显出来，我们不断面临着一些尴尬的局面。因此，项群训练理论对现代训练理论所带来的冲击还远没有结束，对运动训练学理论体系（内容体系和结构体系）的重新调整和构建将是现代竞技运动对我们提出的新的挑战。

（三）运动训练学发展中问题的反思

1. "周期训练"理论的反思

"周期训练"理论是 20 世纪 60 年代中期提出的，在当时的情况下，主要是针对田径、游泳、举重等体能类项目所进行的研究。该理论明确指出：竞技状态发展的阶段性是运动训练分期的自然基础，运动竞技状态的发展分获得、保持和消失三个阶段，呈周期性的"按顺序不断交替"，并在更高的基础上出现。因此，"训练周期"也相应地有三个时期：训练期、竞赛期、过渡期。同时也指出，训练和恢复在训练中表现出周期性。最基本的环节是"小周期"，从准备和实现一个主要比赛目标再过渡到下一轮，这样一个完整的过程，就表现为一个"大周期"。在大周期和小周期之间，由"中周期"进行衔接，在大周期之上，还有"全周期"。训练过程的控制是由不同层次的"训练周期"组织实现的。

目前，"周期训练"理论的内容依然占据运动训练学的主要部分，作为运动训练学重要内容的训练计划，就是主要针对"周期训练"理论来进行的。可以说，"周期训练"是训练计划制订和控制的核心，而作为运动训练计划，更对运动训练的阶段划分、内容、方法、手段、训练目标起到界定的作用。因此，"周期训练"理论在运动训练学中的地位和作用是极其深远的，许多学者都在专著或文章中对运动训练中的"周期"问题进行过专门的研究和分析。"周期训练"理论在运动训练中的广泛应用，曾经对运动训练的科学化起到了非常重要的作用。由此而取得的成绩也是有目共睹的，其可行性无论从理论上还是实践上都得到了一定的检验。但前面我们也说过，运动训练是一个不断发展、不断提高的过程，作为其理论支撑的运动训练学也需要不断地被检验、被验证。运动训练理论的发展本身就是一个螺旋上升，甚至迂回发展的过程。因此，在竞技体育高速发展并且多样化的今天，"周期训练"理论与现代竞技体育的矛盾也日益呈现，"周期训练"理论的科学性甚至也受到了质疑。那么"周期训练"观点是否科学？是否需要变革？这都是值得我们反思的问题。目前的问题集中在以下几个方面：

（1）现代竞技体育发生了巨大的变化。不要说篮球、足球这些项目，就连田径、游泳的赛制也发生了很大变化。比赛次数明显增加，而且赛期分布全年。"周期训练"理论中的周期似乎已被现有赛制分割和瓦解，再按照"一般训练与专项训练""负荷量和负荷强度"在训练周期理论中的那种界定进行运动训练的安排，显然已不能适应目前高强度、高频率、时间不确定的赛制的具体情况。

（2）忽视了训练过程中的系统性、完整性。"周期训练"理论把训练过程划分成全年训练周期、阶段训练周期、周训练周期，甚至更小的训练周期。首先，在划分前没有考虑运动员个体在训练中的生理、心理、技战术等实际变化和发展特点，而前期的预测显然是非常困难的。因此，运动训练过程被分割成若干个阶段，而每一个阶段的发展似乎只是一个直线发展过程，而实际的训练过程应根据运动员个体适时地安排并调整训练，这是一个螺旋发展过程，在一定限度上打破了周期划分的界限，表现出时间为主线而非周期性变化的特点。

正确看待和应用"周期训练"理论，首先，应以发展的眼光而非教条的去应用"周期训练"。"周期训练"的提出并没有让大家"墨守成规"地去应用，要打破思想上的桎梏。"周期训练"理论对于目前的运动训练，更大的意义应该是一种训练思想，我们应该汲取其精华。从宏观上讲，训练的整个过程还是有周期性规律的，但不能在训练的全过程都陷于"周期训练"的框架之中不能自控。其次，就是引入新的理念、新的思路。对于目前的情况，我们完全可以跳出周期的概念，应用目前兴起的时间学理论来重新阐释"周期训练"理论。周期本来就是时间的一种表现，运动训练与时间紧密相连，因此，借助新的理念，"周期训练"理论才能得以重获新生。最后，重视多学科的综合应用。这点已被大家所认同，但在实际操作时，往往孤立了各学科间的联系，很多研究重复进行，研究成果也不能共享，造成认识上的偏差和不统一。

2. 对"竞技状态"的反思

目前对竞技状态的定义是："运动员达到优异成绩所处的最适宜的准备状态。"或"当负荷维持在高水平上，机体的工作能力和训练限度也稳定在较高水平上的一种状态"。判断"竞技状态"的标准最终是要依靠训练计划中各种指标及任务的完成来衡量。现在"竞技状态"被人为划分成"形成、保持、消失"三个过程，似乎与训练表现的具体情况很难一致起来。所以，"竞技状态"这一沿用了多年的概念，其内涵应该发生改变，如果这一概念的存在体现了"运动员适应比赛，创造优异成绩"的一种综合能力的整体表现，那么是可以理解的。但若还将"形成、保持、消失"作为其主要内涵，让其承载概念以外太多的东西，则需要进行商榷了。

3. "超量恢复"理论的再思考

"超量恢复"理论，严格地说，当时这一理论也是基于大量运动实践提出的，并没经过完备的科学论证。因此它也如"周期训练"理论那样引发了一定的争议。

目前运动训练学对超量恢复的解释主要表现为以下含义：第一，两次训练间歇时间太长，在超量恢复后进行下一次训练，人体机能水平得不到提高。第二，两次训练的间歇时间太短，未能超过恢复阶段就进行下一次训练，人体机能水平不断下降。第三，两次训练间歇时间适宜，在超量恢复阶段进行下一次训练，人体机能水平不断提高。对于第二种情况，新的研究表明。每次重复工作，若在不完全恢复期进行，这种负荷引起机体机能明显的变化。若在数次重复以后，再给予较长休息期，其超量恢复将更为明显，负荷工作与休息期的良性效果也将较高。可见，超量恢复理论在新的时期应该有新的发展。

4. 对"木桶理论"的反思

"木桶理论"最初的提出是指某一事物的发展和成效取决于全部因素中最为不利的因素。首先，我们注意到水从最短处流出，就被诱导认为训练本身也如此。但我们显然忘了，运动训练要求的是综合效应，绝不是各要素的简单迭加。所以，成绩的提高或取得，需要一定的基本素质，但绝不是"均衡"全面发展。其次，"木桶理论"展示给我们的是一个立体的形象，但对它进行解释时，却只是在二维的体系中进行阐述。运动训练是一个多角度、多方位的多维体系，木板只是一个方面，桶底、盛水的多少都是我们要考虑的问题。最后，运动训练所包含的要素很多，但不是在组成木桶时每一木板都需要，我们只挑选必需的来做"木桶"，最短的板子可能我们可以放弃，从而避免了水从最短处流出的可能性。

二、运动训练理论

（一）加深对项群训练理论的认识

项群训练理论是运动训练学理论的重要组成部分。作为运动训练三层次理论的桥梁，在单项训练理论和一般训练理论研究中，发挥了重要的理论视角、理念方法创新的学理价值和学术价值。

1. 项群训练理论的科学原理

30 多年来，项群训练理论创立者及其团队通过对运动项目的分类标准、项目体系、项目特征的探索，建立了该理论基本的概念体系和方法体系，并以运动训练为指向，揭示了各项群间多个项目的内在联系和项群与单项的关系，凝练出同一项群的共性特征。这一理论关于各层次项群训练理念、方法、内容和设计组织的思考和应对，从另一个角度回答了运动训练"为何练、练什么、练多少、怎么练"的基本问题。其与专项运动训练理论一起成为运动训练学理论的基石。

项群训练理论的形成是人们采用哲学的、体育学的原理和方法认识各运动项目的本质特征，进而认识多个运动项目之间一般特征及其相互关系，最终提炼出一类具有相同性质的竞技项目的训练学特点，为单个项目或多个项目的训练过程提供了方法学支撑。

2. 项群训练理论构架及其逻辑关系

进行运动项目分类可以使我们更深刻地认识不同运动项目的本质属性和内在联系，便于在相应的层次上进行专门的研究，有利于同类项目之间运动素质和运动技术的积极转移，以及训练方法的相互渗透、相互移植。

为什么选取以竞技能力的主导因素、运动项目的动作结构和成绩评定方法作为主要的分类标准呢？这是因为：按决定人体竞技能力的主导因素分类，可以反映各运动项目对人体竞技能力的不同要求，便于对运动训练活动进行更准确地分析与控制；按运动项目的动作结构分类，可以反映项目运动形式的特点，对运动项目技术动作分析和技术训练有很高的实用价值；按运动成绩的评定方法分类，可以反映不同项目运动成绩结构的特点，对训练实践和成绩的提高均有实际的指导意义。

项群训练理论的边界通过概念体系和内容体系来确定，也就是"建立理论的意义与科学基础，理论的构思与命名，理论体系的构成等，以及该项群的构成与发展、该项群运动员竞技能力的决定因素的系统分析、该项群运动员比赛成绩的决定因素的系统分析、该项群的训练特点等板块的内容"。

项群训练理论的研究者以竞技能力发展及其特征、运动训练方法手段创新、运动负荷设计及其控制、运动训练过程组织与监控等训练问题为研究内容，对竞技体育制胜规律、运动竞赛环境、运动员选材、竞技体育发展战略与运动项目布局、竞技体育实力分析与重大比赛成绩水平的预测等参赛学、选材学和战略学问题进行了卓有成效的研究，极大地推进了运动训练学理论和竞技体育学理论的发展。项群训练理论创立者的视角与视野、思想与方法，对体育学的学科发展、理论创新，具有重要的启示与推动作用。

（二）基于学科建构的项群训练理论发展

项群训练理论走过了 30 年的历程，随着人们认识客观事物的水平和方法不断提升，认识项群训练理论的视角也在更新。对有关热点和重点进行梳理，不仅是理论自身发展的需要，也是一门学科发展的需要。

1. 加强核心概念的系统化梳理

准确的核心概念及其科学定义是任何理论形成的逻辑起点，也是对其边界和范畴的勾勒。项群、项群划分标准、项群分类体系、项群训练是项群训练理论的核心概念，准确、科学地界定这些概念，以及由其形成的诸如各项群大类、亚类的概念体系，对于明确边界和内容，梳理其内在关系与范围，是项群训练理论形成与发展的逻辑起点。以下几个问题值得进一步明确和探讨。

"运动项目的动作结构"没有区分项目和人的属性。"动作结构"是"2 个及 2 个以上的动作按照一定顺序组合，并形成一定相互关系的动作系统"，是人完成某一运动目标的身体姿态与方法，具有运动学、动力学的意义，并且指向动作技术、技能。运动项目则是特定的运动形态、运动方式和场地规则的集合。尽管动作结构有运动项目的规定性，但以动作结构来划分运动项目不能等同于运动项目本身。从"运动项目动作结构"命名的逻辑性上看，缺少了"人"的意蕴。

构成要素能否成为主导因素。体能、技能、战术能力、心理能力、知识能力是竞技能力的构成要素，这 5 个要素的独立性和相互关系共同构成了竞技能力结构。作为结构要素，能否成为竞技能力的主导因素，不仅取决于这一要素和竞技能力整体的关系，还取决于这些要素与运动项目、比赛方式、规则的关系。

2. 推进分类标准多元化与分类体系的扩展

项群分类主要采用竞技能力主导因素、运动项目动作结构、运动成绩评定方法标准。

竞技能力主导因素构成了"四九"项群分类体系，运动项目动作结构构成了"三七"项群分类体系，运动成绩评定方法则是"五全"项群分类体系。

目前，被大多数人认同并广泛使用的是竞技能力主导因素分类体系。该项群体系将以奥运会赛事为主的众多竞技运动项目分为体能主导、技能主导、技心能主导和技战能主导的四大项群。现有的"三标准"分类体系，已经包含了绝大多数主要的竞技运动项目，但并未概全，一些非奥运会项目还有待去分类、归位。虽然已有一些专家们先后进行过有益的分类尝试，但仍未涵盖所有运动项目。

3. 加强对同一项群的本质把握和体系建构

项群训练理论建构的逻辑起点是运动项目的本质属性及其相互关系，进一步揭示竞技项目的本质属性应是未来项群训练理论研究的核心。纵观已有关于各亚群的本质及其特征的研究，对各亚群的本质特征、训练特征、负荷特征概括都还只是单项本质特征的罗列。上升到项群层面还需进一步提炼，从哪几个维度或内容研究项群特征，值得进一步思考。

由于运动训练科学关注和研究的对象是运动员竞技能力发展，而运动项目（或竞技项目）是运动员竞技能力发展与表达的唯一载体，所以，认识与掌握运动项目特征成为运动员竞技能力发展的阶梯。在论及各项群特征时，多数学者采用竞技能力主导因素的分类体系研究，所以，其特征概括一般采用的是对体能、技能、战能、心理能力及知识能力特征的分述，由其作为某一项群运动员的竞技能力特征。显然，运动员的竞技能力特征还不能完全代表运动项目特征。从比赛、运动成绩、运动员年龄等要素探讨项群竞技特征应有一定的空间。因为只有真正把握运动项目的本质属性，方可厘清不同运动项目或不同项群特征。也只有厘清不同运动项目或不同的项群特征，方可实现运动员竞技能力专项性、专门化与个性化发展。

4. 促进亚群训练理论的完整性与应用性

目前，关于各个项群的项目构成、竞技特点或特征、训练设计与安排特点的研究，已有诸多单项训练研究成果。在当前的项群训练理论体系中，实现理论的完整性、丰富性、多样性，还需首先考虑竞技项目数量的增加及其代表性，其次是对各亚群的项群特征高度概括，与单项训练理论保持一定的边界。

目前，竞技能力主导因素所构成的项群系统为大家一致认同，并进行了卓有成效的研究。但该主导因素下，对项群的多样性也产生一定的制约。因为竞技能力从根本上是运动员的主观才能，运动项目和项目群的形成与丰富首先取决于其运动形态、方式，而运动形态、方式又与比赛方式、场地器材、竞技规则息息相关。所以，拓展现有的项群体系，一方面需对竞技能力主导因素进行更准确的界定，同时将比赛方式、场地器材、规则组织等作为要素加以思考，提出项群划分的标准或参照标准。只有全面考虑运动项目与运动员及其竞技能力、比赛方式、规则组织、场地器材等要素，才可深入揭示不同亚群的训练特征。

（三）多学科引领下的项群训练理论发展

1. 基于新理论、新技术、新方法的项群训练研究

项群训练理论属于体育学理论范畴。体育学又是一个集生物学、教育学、心理学、社会学、文化学、管理学等于一体的应用性综合学科。如何保证项群训练理论固有的理论特色，又能并蓄其他学科，更好地发挥本理论的话语权，也是未来项群训练理论研究和发展的思路之一。及时采用新理论、新技术、新方法研究项群训练理论，还有助于形成多样的研究团体、团队和流派，促进体育学、竞技体育学的学科丰富性和多样性。

2. 基于竞技规则与场地器材变更的项群训练

在竞技体育语境中，竞技者（运动员、教练员）的训练与参赛活动和竞技场地、规则、项目等紧密联系，共同构成了竞技体育的主客体关系。在这些要素中，各个项目的竞技规则的变化内容和频率最大，分析与揭示规则变化下某一项群和不同项群的运动员、教练员在竞技能力发展与表现上的变化规律，将竞技规则作为一个重要的自变量，考察不同项群的训练实践活动，将更具有现实意义。

3. 运动员、教练员、管理者及观众的项群特征研究

运动员竞技能力发展与获得的决定因素和影响因素是多维、复杂的，运动训练过程的主体与内容不仅与运动员有关，也与教练员、管理者、观众、媒体等诸多群体相关。项群训练理论研究应加强运动员、教练员与竞技能力、竞技项目之间应然关系的探讨，更多地关注竞技运动主体、客体及其相互关系的研究。

4. 项群训练理论在竞技参赛领域中的延伸与应用

训练为比赛的理念也给项群训练理论未来在竞赛和参赛领域的研究提供了支持。不同项群的训练学特征与训练学方法已经得到如前述的大量研究，但不同项群的运动员、教练员竞技参赛的机制与特征研究，完成项群参赛理论构建，与项群训练理论共同完成竞技体育理论的匹配与完善，应是项群训练理论的一个重要研究领域。

5.项群训练理论的国际推介

作为中国竞技体育学理论，乃至体育学理论体系中最具特色的应用理论之一，项群训练学一经提出，就被国际竞技体育学界所关注。无论是中国竞技体育学理论的推介，还是中国竞技体育文化的传播，如何将项群训练理论进行更好的国际推介是今后的一项重要工作。具体途径与方法有邀请有关学者系统地翻译项群训练理论文献、举办国际性学术会议等。

三、运动训练方法

（一）运动训练方法概念

现代运动训练的发展，与训练方法是紧密联系的。在运动训练过程中，使用的训练方法各种各样、各有其特长和作用。但任何一种方法都不能全面地解决训练过程中所碰到的各种各样的问题，往往要根据训练任务，运动员水平的不同，以及训练场地和设备条件，灵活地、创造性地加以选择和运用，训练的成效在很大程度上取决于训练方法的优劣和运用的正确程序，以及新的、更有效的方法的开发，进一步出现多种多样的训练方法。特别是当今世界上的竞技体育强国，在培养运动员和实施科学化训练的各方面条件日趋接近的情况下，教练员不但应掌握已有的训练方法，深知其特点和作用，学会根据具体情况，正确的选择，灵活地运用，解决所存在的主要问题，而且要不断总结运动训练方法运用的实践经验，创造新的更为有效的训练方法，以达到事半功倍的效率。

"方法"是指研究和认识客观事物的途径，也是指达到预定的目的所采用的办法。运动训练过程要完成身体、技术、战术、心理等各方面的任务，从而达到提高专项运动成绩的目的，这就要采用各种具体的途径和方法。运动员训练水平的提高，各阶段训练任务的完成，以及达到创造专项运动最高成绩的目的，无不依赖于训练方法的正确运用和创新，训练科学化的一个重要体现，就在于运用科学的训练方法，挖掘运动员最大的竞技潜力，使其更快、更准确、更熟练地掌握专项技术、战术。高度发展各器官系统的机能和运动素质，有针对性地解决训练过程中发生的各种问题。

（二）训练方法的基本分类

运动训练方法多种多样，在训练理论和实践中以提高运动员的机能和素质，掌握战术、技术，以及获得知识的来源为标准，将常用的方法分为三类：语言类、直观法和练习法，每类又包括不同的具体方法。

语言类：讲解、口令、指示、讲评；直观法：示范、图表、幻灯演示、电影、录像等；练习法：分解、完整、持续、重复、间歇、变换、游戏、比赛等；三类方法中的各种具体方法，在训练过程中一般可适用于身体、技术、战术等训练中，如为使运动员掌握某一项技术，既要运用语言法中的讲解，又要运用直观法中的示范，还要运用练习法中的重复法，才能使运动员更准确地掌握技术。但这些具体方法的运用都有其重点。例如：讲解法、示范法和分解法，重点在于技术运用训练的初期，使运动员形成技术动作的正确概念，理解动作要领，初步练习分解了的动作；而重复法、持续法、间歇法在技术训练中重点用于进一步巩固已掌握了的动作及其熟练运用阶段，而在身体训练中，为提高运动员的身体机能，发展运动素质，这几种方法也是运用的重点。

（三）运动训练的几种方法

1. 分解训练法

分解训练法是指把一个完整的技术动作分解成几个技术环节，使运动员更方便地掌握较复杂的技术动作。它的特点是简单、易学，适用于初学者用于开始阶段。尤其对于少年儿童来说，很难一下子掌握一项技术环节较复杂的动作，因此，给他们把动作分成几个步骤，一个环节一个环节地学，最后把几个分解的动作完整连起来，对少年儿童是比较容易接受的。如网球技术中的发球就是一项比较复杂的技术动作。所以在刚开始教队员时，把动作分成三个步骤：①拉拍，同时抛球；②拍子下垂，后脚前跟；③击球，转肩，转腰；④收拍。由于儿童一次只接受一个简单的信号，因此先让他们一个步骤反复练习，等到熟练时再把动作完整连起来，效果明显，而且不易出现问题。

2. 持续训练法

持续训练法是指在相对较长的时间里，用较稳定的强度，无间歇的、连续进行练习的方法。它的特点在于练习时间较长，一次练习的量较大，但强度相对较稳定，因此用这种方法进行练习，对有机体刺激所产生的影响比较缓和，有利于心血管和呼吸系统机能的稳步提高。它获得的训练效应出现较慢，但较稳定，消退也比较慢。在网球训练过程中通常用于多球训练，有助于掌握巩固，提高技术。但在练习中，还要注意量和强度的搭配。如果这个项目是发展运动员在场上奔跑中击球，以强度为主的，那么，练习的时间、组数就不宜太多、太长；相反如果要提高运动员场上定点击球的稳定性，那么强度就不宜太大，而组数、时间则可以增加。控制好量与强度应从训练所要达到的目的考虑，在训练时，量和强度的增减应以运动员在训练中保持正确的击球动作为准，如果运动员在击球时技术动作走形，那就要考虑减少量与强度了。尤其对待少年儿童时，要更密切注意他们的反应，及时制止变形的动作。

3.重复训练法

重复训练法是指在相对固定的条件下，按一定的要求，反复进行某一项目的练习，而每组之间的间歇要使机体基本恢复的一种方法。它是身体、技术、战术训练的常用的基本方法。重复练习技术动作，可不断强化刺激的痕迹，有利于巩固动作定型和熟练地用技术，是技、战术训练中最常用的办法，也是少年儿童掌握技术动作最重要的方法之一。如果在场上进行全场跑动击球，不但要严格规定技术动作，而且要提高奔跑中击球的组数与个数，这样才能使技术熟练，准确，提高在比赛中的实用价值，而且由于重复练习，使疲劳度加深，要求运动员克服很大的体力消耗，因此有利于培养运动员的意志品质。

在进行重复练习时，要及时给予指导，不断提高改进技术的要求和纠正错误的动作，使队员不会在错误的动作上越偏越远。另外，重复练习同一动作或项目，运动员容易产生枯燥乏味的情绪，降低练习的积极性，所以在练习中除了使队员明确训练的目的、作用外，还要结合游戏等手段来激发运动员的兴趣，达到训练目的。

4.模拟训练法

模拟训练法，它主要是为运动员参加比赛做好适应性准备，也就是使运动员对于容易引起精神紧张和动作失调的各种刺激逐步产生适应，从而提高在比赛中的抗干扰能力。模拟训练通常有两种方法，第一种是现实模拟，即运动员在比赛形式、比赛对手、比赛时间安排以及气候情况、场地器材设备等各种因素都与正式比赛相似的情况下进行训练；第二种是通过录像、电影、图片、录音、语音等手段进行模拟训练。适当地增加运动员的心理压力，相对来说，也就是减轻了比赛时的心理压力。安排模拟训练时，应一切按照比赛程序进行。如：准备活动时间，变换场地、方向，模拟赛场，并组织安排观众，裁判，制造与比赛相似的气氛。通过模拟训练可以及时发现运动员在赛前各种身体素质、技术水平和心理状态等方面的问题，从而可以及时得到改进和弥补，这对正式比赛时发挥应有的技术水平是很有益处的。

5.游戏、比赛训练法

游戏和比赛训练法是指以游戏和比赛的方式进行训练的方法。它的内容可以多种多样，既可用于身体训练，也可用于技、战术训练，还可作为恢复手段。如在训练前进行一些小游戏，既可热身，又可提高兴奋性。在技术训练中，可以将所学的技术作为比赛内容，并制定胜负的标准，以比赛的方式进行练习，如：多球打成功率比赛，半片场地打来回比赛等，既可提高运动员的兴趣，又可锻炼运动员的技术与心理，可谓一举两得。在训练课结束时也可安排一些游戏。如：踢足球，打篮球之类的，不仅练到了场上步法、耐力，也能达到消除疲劳的积极效果。由于游戏和比赛所具有的特点和作用，它可以广泛地运用不同的对象，不同的训练阶段，不同的训练内容中去，尤其根据少年儿童好动的特性，在训练中采取游戏和比赛的方法，能更好地达到训练目的。

当今训练方法的运用，是随着现代训练的发展而不断地创新和变化，每一次训练方法的更新，都将带来训练效果和运动成绩的提高与发展。因而掌握一些基本和必要的训练方法，不仅有利于教练员和运动员提高运动训练的效率，而且也可促使教练员、运动员去创造更多、更好的训练方法。提高训练质量，促进运动水平的提高。

第二节　高校科学化运动训练理论

一、科学化运动训练的基础

（一）运动训练的范围

运动员通过系统、集中的训练以完成特定的目标。训练的目的是为了提高运动员的竞技能力，从而提升运动成绩。训练是一项系统工程，会涉及到生理学、心理学及社会学的诸多变量。在此期间，训练要遵循循序渐进、区别对待等基本原则。整个训练过程中，运动员的生理和心理素质得以塑造，从而满足一些严格的任务要求。

不管是初学者还是职业运动员，至关重要的一点是制订切实可行的训练目标。训练目标要根据个人能力、心理特征和社会环境来设计。有些运动员是为了赢得比赛或提高成绩，有些运动员则是追求获得运动技能或进一步提高生物动作能力。不论是何种目标，都应尽可能地精确及可测量。不论是短期计划还是长期计划，在训练开始之前就应设定好，并且明确实现目标过程的具体细节。而完成这些目标的最终时刻，往往是一次重大的比赛。

（二）运动训练的目标

训练是运动员为了达到最佳竞技状态的准备过程。通过制订系统的训练计划，可使教练员的训练工作更有效率，而设计训练计划需要借鉴各门学科的知识。训练过程是以发展专项特征为目标，这些特征与完成不同的训练任务紧密相关，包括全面身体发展、专项身体发展、技术能力、战术能力、心理因素、健康管理、伤病预防以及相关理论知识。要想获得上述能力，需要根据运动员的年龄、经验和天赋，运用个性化、适宜的方法和手段。

1. 全面身体发展

也称为一般身体素质，是所有体育运动训练的基础。一般身体素质发展的目的是改善基本的身体能力，如耐力、力量、速度、柔韧和协调。运动员全面身体发展的基础越扎实，就越能经受住专项训练，最终可能发挥出更大的运动潜力。

2. 专项身体发展

也称为专项身体素质，是为了发展专项运动所需要的生理或身体素质特征。这种训练类型是为了实现运动的一些特定需要，如力量、技能、耐力、速度和柔韧性。不过，许多运动项目需要各种关键运动能力的组合，如速度—力量、力量—耐力或速度—耐力。

3. 技术能力

这种训练强调以发展技术能力为核心，技术能力是获得体育运动项目成功所必需的条件。提高技术能力是以全面和专项身体发展为基础的，例如：完成体操十字支撑动作的能力，要受到生物动作能力中力量因素的制约。针对发展技术能力训练的最终目的是在于完善技术动作，优化专项运动技能，专项运动技能是展现最佳竞技状态所必需的。发展技术能力应当在正常和特殊状况（如天气、噪音等）下进行，并且始终要围绕完善运动项目所必需的专项技能而进行。

4. 战术能力

发展战术能力对于训练过程也是极为重要的。战术能力训练的目的是为了完善比赛策略，该项训练要以竞争对手的战术研究为基础。具体来讲，这种训练的目的是利用运动员的技术和身体能力来制订比赛战术，增加比赛获胜的几率。

5. 健康保养

运动员的整个健康状况应当引起充分重视。健康保养可以通过定期健康检查和适当的训练安排来实现，其中适当的训练安排包括将大量艰苦训练和阶段性的休息恢复搭配进行。必须特别注意伤病和疾病，在训练过程中应给予重点考虑。

6.伤病预防

预防损伤的最佳方式是确保运动员已经提高了身体能力，形成了参加严格训练和比赛所必需的生理特性，并确保进行适量训练。安排不当的训练包括负荷过大，这将会增加受伤的风险。对于年轻运动员来说，以全面发展身体为目标是极为重要的，因为这样可以提高生物动作能力从而有助于降低受伤的可能性。此外，疲劳控制也尤为重要，越是疲劳，发生受伤的概率就越大。因此，应当充分重视制订一个控制疲劳的训练计划。

7.理论知识

应当在训练过程中充实运动员有关训练、计划、营养和能量再生等方面的生理学和心理学知识。运动员理解进行某种训练活动的原因非常重要，教练员可以针对各项训练计划的目标进行讨论或要求运动员参加关于训练的座谈会来达到这一目的。让运动员具备关于训练过程和运动项目理论的知识可以提高运动员决策能力，以及增加其对训练过程的关注，这样可以让教练员和运动员更好地制订出训练目标。

（三）运动训练系统

系统是指将某些观点、理论或假说采用正确的方法和手段加以组合的组织方式。一个系统的发展应该基于科学成果及实践经验的积累。虽然一个系统在自身独立前会依附于其他的系统，但该系统不应被一成不变地移植。而且创造或完善一个更好的系统必须考虑到实际的社会和文化背景。

1.揭示系统的构成要素

构成要素是训练系统发展的核心，这可以从训练理论和方法的有关基本知识、科学成果、本国优秀教练员的经验积累以及其他国家的前车之鉴中提炼和总结。

2.明确系统的组织结构

确定了决定训练系统成功与否的核心要素后，就可以建立现实的训练系统了，而短期的和长期的训练模式也应当随之建立。该系统应当能为所有教练员共享，但也应当保持足够的灵活性，以便教练员能够根据他们自身的经验进行下一步的丰富与完善。

体育科研工作者对于建立训练系统起着十分重要的作用。体育科学研究，尤其是应用领域的研究所提供的成果，丰富了训练系统赖以不断发展和完善的知识基础。此外，体育科研工作者的工作还能有益于完善运动员的监测计划和选材计划，建立训练理论以及完善疲劳和压力处理方法等等。尽管体育科学对于训练系统的重要性是显而易见的，但这门分支科学并未在全世界受到足够的重视。

3. 验证系统的效能或作用

一旦启动训练系统，就应当经常对其进行评估。训练系统有效性的评估可通过多种方式进行。验证训练系统效果的最简单的评估方法是该系统带来了实际运动成绩的提高，也可使用更为复杂的评估方法，包括对生理适应的直接测量，例如：荷尔蒙或细胞信号传导的适应。此外，力学评估方法可用于定量地测定训练系统的工作效率，例如：最大无氧功率、最大有氧功率、最大力量以及力量增长率峰值的评估。体育科研工作者在此领域中起着极为重要的作用，他们运用自己的专业知识来评价运动员，并对训练系统效率的提升提出独到的见解。如果训练系统并非最佳，那么训练团队可以重新进行评价并进一步改进系统。

高质量训练系统对于达到最佳竞技状态是必不可少的。训练的质量不仅取决于教练员，还取决于许多因素的相互作用，这些因素会影响到运动员的训练成绩。因此，所有会影响训练质量的因素都需要进行有效的落实和不断地评估，必要时进行调整，以满足当代体育运动不断变化发展的需求。

（四）运动训练的适应

训练是一个有组织的过程，它使身体和心理都在不断地接受各种负荷量和强度的刺激。运动员适应和调整训练与比赛负荷的能力，同生物种种适应其所生存的环境一样重要。对于运动员来说，如果无法适应不断变化的训练负荷与训练及比赛带来的刺激，将会导致疲劳、训练过量甚至过度训练。在这种情况下，运动员无法完成既定的训练目标。

高水平竞技能力是多年精心筹划、系统而富于挑战性的训练结果。在此期间，运动员不断调整自身的生理机能以适应专项运动的特殊要求。运动员对训练过程的适应程度越高，就越能发挥出高水平的运动潜力。因此，任何组织严密的训练计划，其目标都是为了促进运动员的适应程度，从而提高其运动成绩。

二、科学化运动训练的原则

（一）一般训练与专项训练相结合

一般训练与专项训练相结合的原则就是指在运动训练过程中，要根据运动项目的特点，运动员的水平和不同训练时间、阶段任务，要恰当地安排两者的训练比重。

一般训练和专项训练两者在内容、手段以及所起的作用方面是不同的，但其目的是一致的，都是为了提高运动员的专项运动成绩。对青少年运动员来说，在训练的基础阶段，离开一般训练，过多采取专项训练的内容和手段，对今后的发展是不利的，重要的是如何按不同水平和层次的运动员的实际情况，在训练过程的不同时期和阶段，恰当地安排好一般训练与专项训练两者的比重。

（二）周期性原则

运动训练过程的周期一般分为：多年训练周期（4～8年）、训练大周期（0.5～1年）、中周期（4～8周）、小周期（4～10天），以及训练课（1.5～4小时）这几种不同类型的训练周期，并以此制订各种训练计划。

每个训练周期是由准备期、竞赛期和休整期三个相互紧密衔接的时期所组成。而每个时期都有其各自的主要任务、内容、负荷的安排、手段和方法。就运动项目的特点而言，各运动项目对运动员机体能力有不同的要求，而且赛季的安排也不尽相同，如体能类的耐力性项目，准备性训练和比赛都要消耗巨大的体能，并且需要恢复的时间相对较长，因而全年大周期就相对较少；而一些技能类表现性项目和对抗性项目，尤其是球类，相对来说竞赛安排较多，赛季也长，全年训练大周期就多一些，多采用多周期制，或者竞赛期安排的时间较长，此外，冬季运动项目，如：滑雪、滑冰等，受季节的影响，一般也只安排1～2个大周期。

在现代运动训练中，有的项目的优秀运动员年度中参加重大比赛的次数较多，并要求多次创造优异运动成绩，因此，有的研究提出多周期的安排，这在优秀运动员的训练中是需要进一步通过实践和科学研究加以探讨的。

（三）区别对待原则

区别对待原则是指在运动训练过程中，要根据运动员的个人特点，有针对性地确定训练任务，选择方法、手段和安排运动负荷。区别对待原则中所指的个人特点，包括运动员的年龄、性别、文化水平、身体条件、承担负荷的能力、技术、战术水平和心理素质等各个方面。确定训练任务，包括从训练课直到全年或多年训练期望达到的目标和具体任务。

三、科学化运动训练的要素

（一）训练量

训练量是训练的主要组成部分之一，因为它是实现高水平技术、战术和身体素质的先决条件。训练量的定义可以简单理解为：训练中完成活动的总量。训练量也可以被看作是一次训练课或一个训练阶段完成训练的总量。训练总量必须是量化的指标，具有可监控性。

训练量的准确计算依运动项目或活动类型而异。在耐力运动项目中（跑步、自行车、皮划艇、越野滑雪及赛艇运动），确定训练量的单位是训练经过的距离；在举重或抗阻训练中，采用公斤或吨位制（训练负荷＝组数 × 重复次数 × 重量）作为衡量训练量，这是因为仅考虑重复次数不能合理地评价运动员完成的训练任务。重复次数也可以用来推算运动中的训练量，如：快速伸缩复合式训练或棒球、田径等运动中的投掷动作。几乎所有的运动都会包含时间要素，但训练量的正确表达形式应该囊括时间和距离两个要素，如：60分钟跑 12 千米。

训练量的计算方法按照时间要素可以划分为以下两种。一种是相对训练量，指一次训练课或训练阶段中一组运动员或运动队训练时间的总数。相对训练量不适用于计算单个运动员的训练量，因为无法得知单位时间内某一位运动员的训练量。另一种更好地衡量单个运动员训练量的方式是绝对训练量，它是指运动员个体在单位时间内完成训练任务的总量。

在运动员的职业生涯中，要不断增加训练量。随着运动员训练时间的增多，训练量的增加是运动员产生生理适应并提高运动成绩的前提。将初学者与高水平运动员进行比较后明显发现，高水平运动员能承受更大的训练量。随着时间的推移，训练量的增加对从事有氧运动、力量与功率项目、团队项目的运动员的发展具有重要的作用。同样，还需要增加技术和战术技能的训练，因为提高运动成绩需要进行大量的重复练习。

研究人员表明，只要不引起过度训练，在训练中尽可能多地增加训练次数非常重要。另一些研究人员明确表示，训练频率越高，越能产生更大的训练适应效果。增加每天训练课的次数同样有益于运动员的生理性适应。对于优秀运动员来说，每周进行 6 ~ 12 节训练课，每个训练日又包含多节训练小课是常见的。运动员的恢复能力是制订训练计划中运动量大小的主要决定因素。它决定了在训练计划中制订多少训练量。高水平运动员之所以能承受大的运动量，是因为他们能够更快地从训练负荷中恢复过来。

（二）训练强度

训练强度是对运动员完成高质量训练的另一个重要训练因素。可以将训练强度定义为与功率输出（即能量消耗或单位时间做的功）、对抗力量或发展速度有关的训练要素。根据这个定义，运动员在单位时间内做功越多，训练强度则越大。强度是神经肌肉激活的函数，训练强度越大（如更大的功率输出，更大的外部负荷）需要更多的神经肌肉被激活。神经肌肉激活模式取决于以下四个要素：外部负荷、运动速度、疲劳程度及所从事的训练类型。另一个要考虑的因素是训练时的心理紧张程度。就训练的心理方面而言，哪怕是出现低水平的身体紧张，也会造成训练强度极大提高，从而导致注意力的分散和心理压力的产生。

训练强度的量化方式根据训练类型和运动项目而定。速度训练通常用米／秒、次／分或功率输出（瓦特）来进行量化评定。在抗阻训练中，训练强度一般以公斤为单位、克服重力每米举起的重量（千克／米）或功率输出（瓦特）来量化。在团队项目中，训练强度通常用平均心率、无氧阈心率或最大心率的百分比来进行量化评定。

在年度训练计划的各个不同阶段中应包括不同的训练强度，特别是在小周期阶段。可以采用多种方法来量化和确定训练强度。高强度训练虽然能取得很大的进步，但产生的适应较不稳定。稳定性越低，越容易产生过度训练和运动成绩的稳定平台现象。相反，低强度的训练负荷会使进步缓慢且生理适应的刺激较小，但整个过程却更稳定。训练计划应该系统地改变训练量及训练强度以达到最佳生理适应。

训练强度可划分为两种类型：绝对训练强度，是指完成训练所需的最大百分比；相对训练强度，是用来量化一节训练课或一个小周期的训练强度，即训练期完成的训练量总和及绝对训练强度。

（三）训练密度

训练密度是单位时间内运动员接受训练课的频率。训练密度可表现出单位时间内训练与恢复的关系。因此训练密度越大，训练阶段间的恢复时间就越少。随着训练密度的增加，运动员和教练员必须建立训练与休息的平衡，从而避免引起过度疲劳或力竭，因为这些都会导致过度训练。

量化多次训练课，例如：在一个训练日或小周期，所需的最佳时间量非常困难，因为许多因素会影响运动员的恢复速度。在下一次训练课开始之前，本次训练课的训练强度和训练量对确定所需的时间量起主要作用。训练课的负荷（即训练强度和训练量）越大，所需的恢复时间就越长。此外，运动员的训练状况、实际年龄、使用的营养干预及恢复干预都会影响到运动员的恢复能力。在下一次训练开始之前，不需要从上一次中完全恢复，一般通过增加训练密度，并在训练日或小周期中运用不同负荷的训练课来促进恢复。在耐力训练或间隔训练中，通常有两种安排"训练—休息"间隔的适宜方法。

1. 固定的训练—恢复比率

部分研究人员在研究间隔训练时运用了这一方法，通过控制训练—休息的间隔，教练员和运动员能够制订出发展特定生物能量适应的训练计划。用 1：1 或 2：1 的训练—休息比率来发展耐力项目的特征，而把 1：12 或 1：20 的训练—休息比率来发展力量和功率性项目的特征。

2. 预设心率

决定恢复期时间长短的另一种方法是，在下一次训练开始前确定必须达到的心率。方法一，为下一次训练的开始设定心率范围（120 ~ 130 次 / 分）；方法二，设定恢复时间，即运动员的心率恢复到最大值的 65% 所需的时间。计算出的百分比表示运动员有 85% 的时间在训练。相对密度虽然对运动员与教练员有一定的价值，但训练的绝对密度更加重要。绝对密度是运动员完成的有效训练与绝对训练量的比。

（四）复杂性

复杂性指一项技能的完善程度及生物力学难度。在训练时，技术越复杂就越会增加训练强度。与掌握基本技能相比。学习一项复杂的技能可能需要更多的训练，尤其当运动员神经肌肉协调性差或在学习技能的过程中精力不完全集中时。让之前没有复杂技术训练经历的一群人参加该项训练，可以迅速地分辨出哪些运动员表现好，哪些运动员表现差。因此，运动或技能越复杂，运动员的个体差异与力学效率差别就越大。

即使以前已经学会了的复杂技术，也会产生生理上的压力。例如：有人对足球运动员的研究表明，完成战术训练比完成技术训练的心率和乳酸堆积要高。在该项研究中，训练课的技术部分集中在没有对手的情况下进行技术练习。而在战术训练中，对手的存在显著地增加了训练的复杂性，因此，心率和乳酸堆积也会增加。此外，在进行模拟比赛时，也会出现上述反应，但只有在实际的比赛中才会产生最大心率及达到最高乳酸水平。鉴于此，教练员在技术复杂性较高的训练或活动中应考虑到不同训练课的生理压力。

（五）总体需求指数

训练量、训练强度、训练密度及复杂性都会影响训练中运动员的总需求。虽然这些因素相辅相成，但加强其中任何一种因素而其他因素不进行相应的调整，都可能增加运动员的需求。比如：在发展高强度耐力时，如果教练员想保持同样的运动强度，则应增加训练量。在增加训练量时，教练员必须考虑怎样增加训练量才会影响训练强度及训练强度必须要减少多少。

训练的计划和指导主要依赖于训练量、训练强度和训练密度三者的合理安排。教练员必须着重分析这些要素的变化曲线，尤其是训练量和训练强度。还应考虑到运动员的适应反应、训练阶段以及比赛的时间安排（赛程表）。训练要素的科学搭配可以让运动员在预计的时间达到最佳的训练效果，并获得最佳竞技能力。

为了确定训练计划的有效性，教练员一定要监测训练负荷和运动成绩测试的结果。教练员还要计算出训练课的密度，或战术和技术训练中要练习的技术的复杂性在训练负荷中所占的比例。在许多运动项目中（如足球、英式橄榄球），监测心率是逐渐被普遍采用的有效方法，用监测到的心率来计算训练和比赛的强度。教练员要对增加训练量和训练强度的因素进行监测，并将它们与休息及恢复有机协调起来。教练员还应考虑促进身体恢复的方法和能量再生所需要的时间。

第三节　科学化训练实践探索

一、科学化训练常识

（一）合理安排训练时间

生命在于运动，然而运动必须有一定的规律性，只有掌握了体育训练的一般生理卫生知识，科学地进行体育训练，才能够起到强身健体、防病治病的作用。从某种意义上说，运动安全是体育训练的首要问题，如果不注意运动卫生，盲目或随意运动，有时反而会对身体造成危害。因此，体育训练必须遵循人体生理活动规律和一定的卫生要求，才能收到良好的效果。

参加体育训练的时间主要根据个人的生活习惯、身体状况或工作性质而定，但就多数体育训练者来说，体育训练的时间多安排在清晨、下午和傍晚。不同的训练时间有不同的特点，练习者可根据自己的实际情况选择。

1. 清晨训练

清晨的空气新鲜，早训练有助于体内二氧化碳的排出，人体吸入较多的氧气，有利于体内新陈代谢的加强，提高训练的效果。所以，许多人喜欢在清晨进行体育训练。清晨起床后大脑皮层处于抑制状态，通过一定时间的体育训练，可适度提高大脑皮层的兴奋性，从而有利于一天的学习与工作。所以有人说，早晨动一动，少闹一场病。但是，由于清晨训练多在空腹情况下进行，所以运动量不要太大，时间也不宜太长。否则，长时间的运动会造成低血糖，不仅影响训练效果，而且会使身体产生不适应。另外，对工作和学习紧张的人来说，没有必要每天强迫自己进行早训练。

2. 下午训练

主要适合有一定空余时间的人进行体育训练，特别适合大、中、小学的师生。经过一天紧张的工作、学习后，下午进行一定强度的体育训练，不仅可以增强体质，而且可使身心得到调整。下午进行体育训练时，运动强度可大一些，青年学生可打球、做游戏，老年人可打门球、跑步。

3. 傍晚训练

晚饭后也是体育训练的大好时光。特别是对那些清晨和白天工作、学习十分忙的人来说，傍晚进行适当的体育训练，既可以健身强体，又可以帮助肌体消化吸收。傍晚运动的主要形式为散步，傍晚进行体育活动的时间一般不要超过 1 小时，运动强度也不可太大。强度过大的运动会影响胃肠道的消化吸收，同时，傍晚训练结束与睡觉的间隔时间要在 1 小时以上，否则，会影响夜间的睡眠。

（二）体育训练的合理进食

体育训练后，不要急于进食，要使心肺功能稳定下来，胃肠道机能逐渐恢复后再用餐。如果在运动后立即进食，由于胃肠的血流减少，蠕动减弱，消化液分泌减少，进入胃内的食物无法及时得到消化吸收，储留在胃中，容易牵拉胃黏膜造成胃痉挛。长期不良的饮食习惯还可诱发消化道疾病。

体育训练时，体内的物质代谢加强，能量消耗加大。合理的营养和饮食卫生，有助于稳定机体内环境的平衡，加快机体的调整与恢复，以达强身健体之效用。

1. 要有充足的食物量

机体内进行物质代谢必须不断地从外界获取新的物质，以补偿机体所消耗的能量。一般情况下，青年学生每日除主食提供一定的热量外，其余的热量需从豆类、肉类、蛋类、蔬菜、食油等副食品中补充。

2. 要注意补充优质蛋白质

人体的组织细胞主要由蛋白质组成。所以，在饮食中要注意蛋白质的供给。蛋白质在人体内不能合成，只能从每天的饮食中得到。如果蛋白质不足，就会直接影响健康。有条件者应注意在每日三餐中适量补充。

3. 要注意供给含无机盐及含维生素的食物

钙、磷、碘等无机盐都是人体必需的营养素。维生素是人体不可缺少的有机化合物，它具有广泛的生理功能，对保持人体健康有着极为重要的作用。诸如豆制品、鸡蛋、虾皮、绿叶蔬菜、海带、紫菜和新鲜水果等含无机盐和维生素比较丰富，因而在饮食中应注意摄取这些食物。

4. 要养成良好的饮食习惯

第一，要纠正忽视早餐的不良习惯，注意改善早餐饮食的质量。第二，要重视饮食的合理搭配，注意食物的多样化，不要暴饮暴食，不要偏食挑食。第三，吃饭时要细嚼慢咽，切忌狼吞虎咽。第四，饭前便后要洗手，餐具要经常消毒并保持清洁。第五，每天三顿饭都要定时定量地吃，尽量让食物多样化，这样才会保证各种营养均衡。另外，不能暴饮暴食。第六，每天应保证 6~7 杯白开水，保持良好的睡眠习惯。

（三）体育训练的卫生

体育训练必须遵循人体生理变化的规律，符合运动卫生的要求，才能有效地增强体质，防止运动损伤和疾病的发生。

1. 定期进行体检

为了了解体育训练对增强体质的作用，了解运动中身体健康和机能的变化状况，检查训练的方法是否正确，运动量是否适宜等，应定期进行体格检查，从而进一步修订体育训练计划和改进训练方法。

2. 要注意做好准备活动和整理活动

整理活动是人体内运动状态过渡到相对安静状态的活动过程，它是促进体力恢复的一种有效手段，因此，体育运动后要做好整理活动。整理活动有助于人体机能尽快恢复常态，有助于偿还氧债。准备活动和整理活动就是实现这种变化的过渡手段。

体育训练前进行充分的准备活动对于体育训练者来说是非常重要的，有些体育活动爱好者就是由于不重视训练前的准备活动而导致各种运动伤害，不仅影响训练效果，而且影响训练兴趣。对体育活动产生畏惧感。二者在体育运动中有着不可估量的作用。准备活动能够提高内脏器官的机能水平，调节心理状态，使身体各器官系统机能迅速地进入工作状态，以适应剧烈运动的要求，减少或防止运动损伤的发生。整理活动能够克服机体的生理惰性，加速肌肉组织的新陈代谢，调节运动情绪，可使人体更好地从紧张的运动状态逐渐过渡到相对的安静状态，并可消除机体内的代谢产物，减轻肌肉酸痛和消除疲劳。

3. 饭后不宜立即进行剧烈运动

饭后不能立即运动。强度运动可在饭后两小时后进行，中度运动应在一小时后进行，轻度运动在半小时以后进行最合理。主要因为：若饱食后进行运动，胃肠道已开始紧张工作，大量血液流入消化器官，会给胃肠带来机械性刺激，使胃肠内溶物左右上下振动，可引起呕吐、胃痉挛等症状。

饱食后消化器官需要大量血液来消化吸收，当全身肌肉在运动时，也需要大量血液参与，于是就会夺取消化器官的血液量，使消化机能减弱。长此以往，轻则可引起消化不良，重则可导致消化道慢性疾病。

人体进食后体内交感神经受到抑制，此时训练，运动效果不显著。另外，饭后胰岛素分泌上升，可抑制脂肪的分解，能量的来源就会受到限制。由于脂肪分解少，减肥运动也不宜在这个时间段内进行。

4. 注意训练时的饮水卫生

与体育训练后进食不同，体育训练后的补水是可行的，只要口渴，在运动后甚至在运动中即可补水。在天气较热的情况下，大量排汗引起体内缺水，不及时补水，可能会造成肌体脱水、休克等。最近的研究发现，中等强度的体育训练后，胃的排空能力有所加强，因此，运动后或运动中的补水是可行的。

补水要注意科学性，不可暴饮。剧烈运动时和运动后，均不宜一次性大量饮水，运动时的饮水应以少量、多次为原则。饮用不同成分的饮料对人体也有影响，运动中排汗的同时也伴随着无机盐的流失，因此，运动后最好饮接近于血浆渗透压的淡盐开水，以保持体内的盐平衡。也可选用橙汁、桃汁等原汁稀释饮料，不要饮含糖量过高的饮料。

二、科学化训练过程监控

（一）基本概念

运动训练过程监控是运动训练工作重要的一个环节，而做好这项工作的前提就是要知道监控什么，为此，准确领会运动训练过程监控的基本概念就显得很有必要。

1. 运动训练过程

从狭义上讲，运动训练过程是运动训练的主体——运动员在教练员的指导下，参加每次训练课持续的过程或这种过程的累积。通常是指从一次训练课的准备活动开始到训练结束的一段时间，也可以是一段时间内训练课的累积，不包括训练课以外的时间。

从广义上讲，运动训练过程是运动训练的主体——运动员从事训练活动期间，参加训练课及训练课以外持续的整个时间，既包括训练课的持续时间，也包括训练课以外的所有时间，训练课以外的时间被看作是训练课的延续，是训练课之间的身体机能调整，它的持续时间可以是1天、1周、1个月甚至1年、多年等。

2. 监控

监控就是监测和控制、调控，是一定的行为主体为达到某一目标或为完成一定任务，通过对确定的行为对象——客体进行定期或不定期的不断监测、检查、监督，获取相关信息，并对信息进行分析，提出调控信息，控制或不断调整客体行为，从而达到既定目标或完成既定任务的活动过程。

3. 运动训练过程监控

运动训练过程监控，就是在运动训练过程中，为了确保训练过程的科学化、实现训练目标，以科研人员为主对运动员的训练过程实施监测和评定的活动和以教练员为主对运动员训练过程实施调控的活动过程的统一。即科研人员运用一定的测量指标对运动员承担训练负荷、训练效果、训练质量、身体机能状况等进行分析与评价，教练员根据科研人员的监测和评价结果对运动训练计划和训练活动实践进行调控，从而达到科学训练、实现训练目标的活动过程。运动训练过程监控的定义，主要阐明了以下几个要点：

（1）运动训练过程监控是一个活动过程。由于运动训练进行的步骤和程序本身是一个动态变化的过程，因此，对训练过程的监控也应是一个动态的过程。只要运动训练过程发生，运动训练过程监控就应进行。运动训练过程的一个重要特征是长期性和不间断性，因此，训练过程监控也应是一个长期的、不间断的过程。

（2）运动训练过程监控实施的主体是科研人员和教练员，客体是运动员。作为监控主体的科研人员和教练员负责运动训练过程监控计划的制订、监控方法的选择与设计、监控过程的实施、监测结果的分析、调控信息的确定等。他们组织、控制着整个运动训练过程。作为监控客体的运动员在训练过程中承担的训练负荷、竞技能力状况、机体机能的变化与疲劳恢复、伤病、营养等，均是运动训练过程监控的直接对象。

（3）训练过程监控是以确保运动训练的科学化、实现训练目标为主要目的。运动训练的主要目的就是要最大限度地发挥人的机体的潜力，创造最好成绩。要达到这个目的，需确保训练过程的科学化，以提高训练的质量，进而提高训练效果。而运动训练过程监控的目的与任务就是通过对训练过程的不断监测、检查、评价，并对运动训练计划的制订提出调控信息，确保训练的质量。

（4）运动训练过程监控是"监"的活动与"控"的活动的统一。运动训练过程监控的实施分两个阶段：第一阶段是对运动员训练过程中的各个因素进行监测、检查；第二阶段是对监测的结果进行评定、分析，并对下一阶段的训练计划提出修改意见或建议。这两个过程不是孤立存在的，而是紧密联系的，前者是后者的前提和基础，后者是前者的目的和结果，二者是有机的统一。

（二）目的和意义

在运动训练过程中，运动员经常会出现训练不足和过度训练的情况，训练不足会造成体能缺失、技战术稳定性不高、心理状态失衡；而过度训练会造成过度疲劳、损伤、疾病、神经驱动力丧失、过度敏感与兴奋。训练不足和过度训练都不能使我们取得最佳的训练效果，进而获取最好的运动成绩。而运动训练监控的介入可以使整个运动训练过程的计划与实施更具针对性、有效性，提高运动训练的效率，最终达到对运动训练过程的最佳化控制。所谓最佳化控制，就是指对控制的目标、方法和途径的最优化选择，其目的是使某一控制指标达到预定的最大值或最小值或最适宜值。

由此，可以认为，运动训练监控的目的就是要使运动训练安排具有针对性和有效性，进而取得最佳训练效果。有效是运动训练监控的初级目标，取得最佳训练效果是运动训练监控的高级目标。

运动训练监控的意义：（1）确定运动员的现实状态；（2）优化运动训练的内容、方法与负荷；（3）控制运动训练的效果；（4）激发和保持运动员的训练热情和动机；（5）避免训练不足和预防过度训练；（6）预测运动员的训练潜力和运动成绩。

（三）基本内容

运动训练监控是训练过程的一个主要组成部分，它利用生理生化的方法和技术，测定运动负荷训练过程中运动员体内的一些生理生化指标，以评价运动员训练时的负荷强度和量、训练方法和手段的合理性与效果，以及机体对运动训练产生的适应信息、恢复效果等，从而帮助教练员了解训练效果，正确评价和调整训练方案。运动训练的生理生化监控涵盖了运动训练过程的前、中、后，以及动态的和静态的全方位的监控。

竞技能力发展状况监控的子系统是检查运动员阶段训练效果的子系统。竞技能力是运动员比赛成绩的决定性因素，提高运动员的竞技能力是运动训练的根本任务，运动训练效果的好坏主要表现为运动员竞技能力是否得到有效提高。因此，构成竞技能力的各个因素均应作为被监控的内容。对运动员竞技能力发展状况的监控主要包括体能、技术能力、战术能力、心理能力的监控。通过本系统的监控，主要是检查所实施的运动训练能否有效改善运动员竞技能力的各个方面，从而检查所采用的训练计划、训练方法与手段等设计的有效性。

运动员承受训练负荷状况监控子系统主要为分析竞技能力发展状况提供依据。竞技能力发展主要取决于训练负荷，无论运动员的竞技能力能否取得改善，均应对运动员在训练过程中实际承受的训练负荷进行分析。因此，本子系统主要对运动员在训练中实际承受的各类负荷量、负荷强度及不同的负荷手段等进行系统监控。运动员训练与比赛期日常身体机能状态和心理状态监控子系统，主要为保障运动员正常训练与比赛提供良好的身体、心理状态的子系统。及时监控训练对运动员身体机能、心理造成的影响，以及运动员身心疲劳与恢复状况，为检查训练手段的效果及安排下一步的训练提供依据。

身心健康状况监控子系统同身体机能、心理状态监控子系统一样，也是为保障运动员正常训练和比赛提供良好的身体和心理状态的子系统，与此同时，健康通常同伤病联系在一起，是医务人员才能解决的问题。因而它主要侧重于对运动员身心疾病等的监控与预防。

营养状况监控子系统是为保障运动员保持正常训练和比赛提供科学合理营养状态的子

系统。运动员在运动过程中所需要的能量以及调整身体正常机能状况的各种维生素、微量元素等均是通过营养来提供。对运动员的营养状况进行监控，一方面是确保运动员训练的必需能量和维持身体工作的各种营养素，以及如何确保运动员以最佳的营养状态去参加训练与比赛；另一方面也为分析运动员的身体机能状况提供参考。

（四）基本类型

1.按监控内容与运动成绩关系的不同分类

按监控内容与运动成绩关系的不同，可以将运动训练过程监控分为决定性因素监控和影响性因素监控。

众所周知，影响运动员运动成绩和运动训练过程实施的因素有许多，但归纳起来不外乎两大类：一类是内部因素，是运动成绩与运动训练效果的决定性因素；另一类是外部因素，是影响运动成绩和运动训练过程实施的次要因素。

内部因素，主要指决定运动成绩的竞技能力和决定竞技能力的运动训练方法与手段。运动训练的目的就是通过一定运动训练办法与手段，提高运动员的竞技能力，从而取得优异的运动成绩。所以，内部因素是训练和比赛的核心因素，要想提高运动成绩，只有通过改进训练方法和手段，提高竞技能力才能实现。

外部因素，主要指影响运动成绩和运动训练过程实施的可控因素，主要指运动营养状况、机能恢复状况、身体健康状况等因素。这些因素本身不能提高比赛成绩，但它们能保障训练和比赛的正常进行，最终确保运动员获得优异的运动成绩。

2.按监控实施间隔时间长短的不同分类

以监控实施间隔时间长短的不同为依据，可分为即时监控、日常监控和阶段监控。根据从一种状态过渡到另一种状态所需要时间的长短，人们通常将运动员的状态分为三种类型，即阶段性状态、日常状态、即时状态。所谓阶段性状态，是指运动员在较长一段时间内，如1周、1个月、数月由训练效果累积而获得的相对稳定的状态。所谓日常状态，是指在一次或几次训练课的影响下，即训练效果短时间作用下，身体所处的状态。所谓即时状态，是指运动员在完成一次身体练习的影响下，身体状态即时、迅速所发生的变化，由于持续的时间非常短暂，这种状态也称为即刻状态。

（五）基本特征

1.全程性和全面性的统一

从时间和空间维度上看，运动训练过程监控具有全程性和全面性统一的特点。所谓全程性特点，主要是指在时间维度上，运动训练过程监控是过程监控和终末监控的统一，是即时监控、日常监控和阶段性监控的统一，是基本训练期监控、赛前训练期监控、赛中监控与赛后调整期监控的统一。进一步讲，运动训练过程监控不是一次或几次的测试，也不是一个月或两个月的监测，而是只要运动员从事训练活动，每天都应进行监控。

所谓全面性特点，主要是指在空间维度上，全面对运动员进行监控，既包括对运动成绩的决定性因素的监控，又包括对运动成绩的影响性因素的监控。具体讲，在运动训练过程中，应从运动员的竞技能力、承受运动训练负荷、身体机能变化与恢复状态、营养状况和身体健康状况等几个方面全面进行监控。运动训练过程监控的全程性，有利于对运动训练进行纵向的对比，这是运动训练过程监控的核心特征，只有通过纵向的对比，才能检查训练的效果及准确分析产生的原因。运动训练过程监控的全面性，是确保运动训练过程监控有效性的前提和保证，只有把运动员在训练过程中的所有信息全面完整地整合、统一起来，才能准确分析运动员的状态和训练效果。

2.共性和个性化的统一

所谓运动训练过程监控的共性，是指对于从事同一项目的运动员来说，由于项目自身的特点是固有的，制胜的规律是一致的，那么对运动员训练过程监控的要求总体上应是统一的，监控的主要指标以及监控时间的安排规律也基本一致。

所谓运动训练过程监控的个性化，是指对于每一个运动员个体来说，他又具有自身的特殊性，如：年龄、性别、专项水平、身体状况、技术特长等。所以，运动训练过程监控在共性的基础上，还应该针对每一个运动员个体的特殊情况，有区别地设置监控指标，确定监控方案。运动训练过程监控的共性，有利于运动员之间的横向对比，以了解所监控运动员总体的发展趋势；运动训练过程监控的个性，有利于充分满足运动员个体的特殊需求，以使每一个体都能得到最佳的发展。

3.定性评价和定量评价的统一

从测量评价学的角度看，运动训练过程监控就是通过对运动员竞技能力、身体机能、身心健康状况的评价，提出下一步训练的调控信息，并及时反馈给教练员的过程。从这个角度讲，监控指标体系的各项指标也是评价指标。运动训练过程监控指标体系中大部分指标是直接通过测验、实验等定量指标来客观评价训练过程中运动员的各种状况。但也有少数指标是不能用仪器直接测量的，如：运动员的疲劳感、用力感及一些心理因素，则需要通过一些定性的方法来评价。这些定性评价有时是定量评价所不能代替的，在运动训练过程监控中具有重要作用，是对定量评价的补充和深化。因此，必须把定量指标的定量评价与定性指标的定性评价统一起来。

4. 静态性和动态性的统一

从对监控监测结果如何合理解释的角度看，运动训练过程监控具有静态性和动态性统一的特点。一些保障性指标，如：反映身心健康类指标、营养状况指标、身体机能恢复等指标，大多能直接反映当前运动员的发展状况，如果这些指标检查出异常，应马上提出调控建议。而对于竞技能力、运动员承担负荷状况等指标，则需要通过一个相对较长的时间才能反映出一定的规律来，不能通过1天、1周或2~3周的训练就能表现出来。所以，对于这些指标通常不要在监测结果出来后马上提出调整建议，而是经过几天、几周，甚至几个月的动态监测才能评价结果。因此，从这个角度讲，运动训练过程监控具有静态性和动态性统一的特点。

三、运动负荷研究

（一）运动负荷基本概念

负荷作为一个概念是从认识论意义上对物质运动过程现象的描述，它是一个普遍概念。时间和工作量度是对负荷性质的限定，工作量度是负荷的本质属性。没有时间的工作量不能称为负荷，只谈时间而不谈及工作量也不是负荷。

运动训练一定存在运动负荷，但是运动负荷并不一定为运动训练所独有，在其他方面，如：在学校的体育教学、社区的健身娱乐、康复保健中都存在。所以，运动负荷是上位概念，其下分为训练负荷、比赛负荷、教学负荷和健身负荷。这种划分区别了不同环境下主体从事不同目的、不同方法运动的运动负荷性质，也暗示了不同种类负荷的目的、内容、方式的不同，需要"区别对待"。运动训练过程中因为主体工作的性质决定了运动负荷主要指训练负荷。训练负荷更加明确了负荷的主体及其目的、内容、方式以及手段，与此相应的就有运动竞赛中的竞赛负荷。

训练负荷是指运动训练过程中运动员机体在一定时间内所承受的工作量。"负荷是刺激"与"负荷是工作量度"很显然是对"负荷"本质的两种根本不同的理解。我们说负荷必须具备刺激的特性并能够产生效应，但是不能够说负荷本身就是刺激，因为正是将有机体作为对象，负荷才有意义。负荷是通过一系列负荷指标来恒定的，这些负荷指标本身反映了量度大小，而不反映刺激大小。"一定时间"内的"工作量度"的限定，使所有只要是工作量度都可以成为负荷的范畴，这也为负荷分类提供了自然基础。生理负荷和心理负荷并不是负荷，而是负荷效应。

运动训练中的运动负荷、训练负荷的本质反映了"负荷"的一般特征，即有机体在一定时间内的工作量度。其本身并不是刺激，更不是应答。通过负荷可以对有机体产生刺激，并有相应的应答，这是必须理顺的逻辑关系。所谓的"生理负荷"与"心理负荷"是训练负荷作用下有机体在生理与心理上的效应，或者称"负荷后效"，而不是负荷。内部负荷与外部负荷的提出在认识论、方法论上，在逻辑学上都缺乏理论基础，其概念并不成立。

运动负荷根据运动主体及其运动目的、内容、方式、过程等有多种划分方式，例如：可以分为训练负荷、竞赛负荷、教学负荷和健身负荷，这也是对体育学概念体系现有结构的回应。由于有量度，特别是有"一定时间"的限定，负荷的内容、时间、方式与节奏才能够成立。负荷是工作量度，可以帮助我们更好地认识负荷量和负荷强度，也为负荷量与负荷强度的提出提供了依据。

（二）运动负荷的构成因素

1. 运动内容

运动内容由身体活动的性质规定。不同的运动内容，对人体系统内部机能状态的影响也不同。根据运动内容所对应的生理负荷的时间变化曲线，把运动内容大体划分为三类：脉冲式（如掷铅球）、阶跃式（如急行跳远）和平台式（如马拉松跑）。脉冲式的运动内容对人体的影响是突发的冲击，缺少明显的启动准备期，自身过程的时间持续极为短暂。阶跃式的运动内容虽对人体的影响也具有突发性，但自身过程的时间持续相对较长，且有明显的启动准备期。平台式的运动内容，自身持续的时间较长，对人体的影响在一定层次上保持相对的稳定。一次体育锻炼或运动训练，往往不是单一运动内容的一次性行为，而是多项运动内容的组合与反复。因此，分清运动内容的性质，是有效进行运动内容组合反复的前提，从而使人体系统在时间 T 内的机能状态变化，相对突发性的间断与离散表现出较强的连续性，相对突发性的波动与落差表现出较大的平稳性。当然，也并不排除单一运动内容一次性行为与单一运动内容自身反复的情况存在。

运动负荷对外部身体活动的定量描述，应该首先明确运动内容。离开运动内容谈运动负荷没有意义。而且运动内容必须具体。运动内容的具体，不纯粹是为了使其性质规定更突出，同时，在一定程度上也是一种"量"的限定。如：100米跑（一维空间限定）、3000米跑（二维空间限定）、篮球比赛（时间限定、空间限制）、羽毛球比赛（比分限定、空间限制）等。因此，在对运动内容"质"的把握时，还应重视它所蕴含的"量"的限定。

2. 运动强度

运动强度是完成特定运动内容的个体能力水平的规定。它通常用个体在一段时间内的最高能力水平的百分数来表示。所谓"最高能力水平"，即对于特定的运动内容，个体竭尽全力所能达到的运动效果。如：100米跑的最短时间，负重下蹲的最大重量。一段时期内的最高能力水平，也称为该时期的最大运动强度。在运动训练中，由于追求的是训练总时间T内的过程高质量，因此，并不要求对每一运动内容的完成都竭尽全力，而是要有所控制和保留。也就是说，不是用最大强度去做，而是只用最大强度的90%或80%的努力去做，称之为0.9强度水平或0.8强度水平。对于"一段时期"的长短，没有具体的规定，而是一种经验性把握。只要个体能力水平的增长不明显，或增长的幅度对运动训练的质量要求影响不明显，都不必急于或经常地修正最大强度。

在体育实践中，对能客观评价运动能力效果的体能性运动内容，最大强度容易确定，而且对运动训练有较大的实际价值；对技巧性太强而体能要求不高的技能性运动内容，最大强度的确定就比较困难，即使确定了，运动训练的实际价值也不大。如投篮的运动强度，可以用保持正确投篮动作的最大距离来量度。但投篮更注重的是技术质量评价——命中率，而不是体能运用评价——强度水平。因此在运动训练中，总是力求前者更客观、更准确，对后者只作经验性的大概判定与掌握。过分苛求后者量的精确，反而会"喧宾夺主"。因为竞技体育运动训练的最终目的，是在竞技中获胜，而不是其他。显然，运动强度是一个有较大时变性特点的个体化指标。在实际应用中有较大的局限性和经验性。正是由于运动强度的这些特点，决定了运动负荷这一概念的相对性。

3. 运动量

运动量，是运动内容组合关系的数量规定。运动量虽然是对运动内容依时间先后而展开排列的过程结构描述，但它本身并不含有时间的约束，是一种单纯的量的规定。在总时间T内，安排的运动内容越多，可能的组合结构就越多，其间的关系也就越复杂。运动内容的组合关系，不仅包括相同运动内容的重复和不同运动内容的结合，还包括在"重复"与"结合"基础上的反复与再反复。具体地说，运动量就是在制订运动内容先后次序排列的过程中对反复次数和重复遍数的规定。通过这种规定，不仅反映了每次运动训练的总体构想和具体意图，而且整个过程也十分自然地被划分为若干阶段或小节，表现出每次运动训练的过程结构特点和工作着力重心。

4. 运动密度

运动密度是运动内容组合关系的时间规定。它是在运动数量的基础上，对运动内容按先后次序展开的继时关系的具体限定。由于运动内容的相对独立性和运动内容组合的针对性，必然要求运动内容的重复应有一定的时间停顿，运动内容的组合应有一定的时间过渡，运动内容的反复应有一定的时间间隔。因此，运动密度实质上就是对上述时间间歇的长短作出明确的限制，消除或减少行为过程中的随意性，以增强或提高其紧凑性和实效性。运动密度的确定，不仅使全过程阶段的划分更清楚，意图更明确，而且也使阶段内表现出单元或组的划分，使运动训练过程呈现出一种鲜明的节奏特征。

运动密度对时间间歇的限制，要注意区分两种不同的情况：一种为自然性时间间歇，另一种为人为性时间间歇。自然性时间间歇是运动内容的相对独立性所决定的，主要是由于运动内容的初始形态与终末态存在的空间错位所造成的时间延缓。如：急行跳远结束后对原准备位置回复的时间耗费；掷铅球结束后捡球回位的时间消耗。自然性时间间歇虽是不可避免的，但却有较大的弹性。如：急行跳远结束后，是走步回复原位还是跑步回复原位，就存在较大的时间差。对于全民性的体育锻炼，一般对自然时间间歇不作特殊要求，只按通常习惯的行为方式粗略地计算运动密度。对于竞技体育的运动训练，总是通过各种手段和方法来压缩自然时间间歇，以提高运动密度。如掷铅球，不是掷一次捡一次，而是掷完一定数量后，再一次性捡回，从而使训练的时间得到尽可能充分地利用。人为性时间间歇是由人体系统的有机性决定的，主要是由于人体不能较长时间维持较高强度水平的身体活动，需要一定时间作必要的缓解和休整，才能保证身体活动的延续。即使是较低强度水平的身体活动，持续太长时间，也容易疲劳，需适时作一定时间的放松与恢复。另外，不同运动内容的转换，也需要一定的时间作身体调整和精神准备。人为性时间间歇，虽表现为过程的中断或暂停，但其实质却是为了过程更好地延续和更顺利地承接。因此，运动密度对于人为性时间间歇的规定，不仅应该是"充分的"，即不能太短，否则人体不能承受，将出现身体锻炼或运动训练所不允许的"负效应"，还应该是"必要的"，即不能太长，否则将破坏过程的连续性，影响身体锻炼或运动训练所期望的"正效应"。

（三）运动负荷的度量

运动负荷的度量就是要对负荷做出具体的计量。度量运动负荷分为强度与量两个方面。负荷强度是指负荷对机体刺激的深刻程度，是构成训练负荷的一个因子。负荷强度刺激引起的机体反应比较强烈，所产生的训练适应也比较深刻，能较快地提高机体各器官系统的机体水平，但不太稳定，解除负荷后消退得也较快。而负荷量是指负荷对机体刺激的数量，是构成训练负荷的另一个因子。负荷量引起的机体反应不如高强度刺激引起的反应那么强烈，但相对来说比较稳定，解除负荷后消退得也比较慢。负荷量与负荷强度彼此依存，相互影响。负荷量是负荷强度提高的基础，只有在一定的负荷量训练的基础上提高负荷强度，运动员训练负荷能力的提高才是稳固的。

在运动训练过程中，要根据不同专项、运动员、时期交替安排大、中、小训练负荷，使负荷量和负荷强度的变化序列、训练与恢复的协同组合在动态平衡中进行。运动训练可以比拟为一种刺激。通过施加负荷，使机体受到刺激，而机体则以适应的形式、对策对刺激作出反应。作为刺激的训练负荷和作为提高运动能力的机体的适应性，这两者之间的关系是因果关系。在运动训练时训练负荷是要机体从机能上、生物化学上和身体结构上各方面适应更高的训练要求。

第六章

运动项目科学化训练

第一节 球类运动项目的科学化训练

一、球类运动基本知识

（一）球类运动的含义

球类运动是体育运动的一类，它是篮球、排球、足球、乒乓球、羽毛球、网球等运动项目的总称。球类运动是一项综合性体育运动，要求参加者不仅要具有良好的跑、跳、投等基本运动能力，而且要熟练掌握并运用各项球类的专门技术和战术。

（二）球类运动的特点

1. 球类运动的趣味性特点

所谓的球类运动，顾名思义，其练习活动的开展需要对"球"这一器材进行使用，因此，使得球类运动的趣味性与吸引力得到了增强。

2. 球类运动的观赏性特点

在球类运动的高水平比赛中，存在着激烈的、紧张的、异彩纷呈、高潮迭起的氛围。而人们关注的焦点不仅仅是球队的整体战略技术，还可以是球类运动员高水平的技能与技巧，所以，毫无疑问，球类运动比赛的观赏能够给人带来艺术的享受与体验。

3. 球类运动的锻炼性特点

众所周知，生命的主要意义在于运动的开展。如果在球类运动参与的过程中，能够对科学的锻炼方法进行使用，不仅能够作为有效的途径，实现练习者身体素质的增强，还能够作为有效的方法，使练习者的身体健康得到促进。

4. 球类运动的广泛性特点

由于球类运动自身具有显著的特点，一直以来都受到人们的广泛追捧。伴随体育运动的不断发展，人们对于体育健身的思想观念逐渐加深了认识，同时，很多种类别的球类运动项目已经成为全球化的体育运动项目，例如：足球运动项目，被人们称作是世界第一运动。由于球类运动不限制参与者的年龄，即便是少年或者是老人都能够参与，所以，球类运动在人们生活中也越来越受欢迎。

二、球类运动中各项目的科学化训练

（一）足球运动基本技术

1. 传球

（1）脚内侧踢球技术。足球运动项目的练习者在传球开始之前，应该进行直线型助跑，在最后一步的时候，跨步要大。当支撑脚跨步向前进行支撑的时候，练习者的脚掌应该同地面之间保持一定的距离，同时保证落地支撑的积极、快速。当练习者的支撑脚落地的时候，先落地的应该是脚后跟，通过滚动式向前到全脚掌支撑过渡。此外，练习者需要注意的是，应该适当弯曲支撑腿的膝关节，保持身体重心的稳定。

（2）脚背内侧踢球技术。斜线助跑，助跑方向与出球方向约成 45 度角。助跑最后一步要大一些，一般应保持在本人跨一大步的距离较好。支撑脚落地时以脚跟及脚掌的外侧沿先着地，然后过渡到全脚掌。支撑脚脚尖指向出球方向，膝关节微屈支撑身体重心，上体略向支撑脚一侧倾斜并稍侧转体（支撑脚一侧的肩部稍向前，踢球脚一侧肩稍向后）。支撑脚与球的位置以支撑脚脚尖与球的前沿保持平齐较好，左右距离以支撑脚的内侧沿与球的外侧沿保持 15 ～ 20cm 较好（不同骨盆宽度的人可以适当调整支撑脚与球的左右距离，但一般不要超过 25cm）。在支撑脚着地的同时踢球腿以髋关节为轴，大腿带动小腿由后向前摆动，当踢球腿膝关节摆至球的内侧垂直上方时，小腿做爆发式前摆（大小腿突然打开），脚尖稍向外侧转，脚尖指向斜下方，脚背绷紧固定，以脚背内侧部位踢球的正中后部（踢高球时，可踢球的中下部）。踢球后身体重心随踢球腿的前摆向前移动。

（3）脚背正面踢球技术。直线助跑，最后一步要大一些，成跨步，支撑脚要积极跨步落地，以脚后跟先着地形成滚动式着地支撑。支撑脚的位置是左右距离为支撑脚的内侧沿与球的外侧沿距离在 10 ～ 15cm 之间，一般不应超过 20cm。前后距离以支撑脚的脚尖与球的前沿保持平齐为好，过前过后都会影响踢球的效果。在支撑脚落地支撑的同时，踢球腿大腿带动小腿（大小腿折叠紧状态）由后向前摆，当膝关节摆到球的垂直上方前的瞬间，大腿制动减速而小腿爆发式突然加速前摆，以脚背正面部位触踢球的正中后部位。踢球后自然向前跟出保持身体重心的平稳。

（4）脚背外侧踢球技术。踢平直球时，助跑、支撑位置与姿势、踢球腿的摆动基本与脚背正面踢球动作相同。只是用脚背外侧触踢球。在踢球腿的膝关节摆到球的垂直上方前的瞬间，小腿做爆发式前摆，小腿前摆时，脚尖向内转并向下指（踝关节内收并旋内），脚背绷紧，脚趾扣紧，以脚背外侧部位触击球的正中后部。踢球后身体随球向前自然移动，保持身体平衡。

2. 接球

支撑腿屈膝稳定支撑身体重心，支撑位置一般在球的侧后方适当位置。接球腿屈膝抬脚，踝关节保持适当紧张，以脚背正面正对来球，在球下落触到脚背的瞬间前接球，脚向下回撤将球在下撤过程中接在自己控制范围之内和下一个动作需要的位置上。并快速完成下一个连接动作。

另一种方法是接球脚基本不向上抬起，而是脚背向上勾起，踝关节保持中度紧张，在接近地面高度 5 ～ 10cm 处触球，通过球下落的冲击力将勾起的接球脚背砸下去从而缓冲了球的力量，将球接控在自己下一个动作需要的控制范围之内，并快速完成下一个连接动作。

3. 运球

（1）脚内侧运球技术。在足球运动的运球技术中，最慢的一种就是脚内侧运球。所谓的脚内侧运球，主要是指在需要练习者身体对球进行掩护的一些死角区域或者边线附近需要使用的足球运动项目运球方法。为了能够使对方队员不能抢走球，练习者应该通过侧身转体的姿势将对方的防守队员挤靠住。此外，一般来讲，"之"字形的路线是通过脚内侧来完成的。在足球运动项目脚内侧运动的过程中，稍微向前跨出支撑脚，在球的前侧方踏住，弯曲膝关节，前倾上体，做出侧身运球的状态，即向运球脚的一侧转体，提起运球脚，在对球的后中部进行推拨的时候使用脚内侧部位。

（2）脚背内侧运球技术。足球运动项目练习者在跑动的过程中，需要自然放松自己的身体，做出小些的步幅，前倾上体，同时微微朝着运球的方向转动。练习者提起运球脚的时候，要稍微弯曲膝关节，提起脚跟，稍微向外转脚尖，在迈步向前的时候通过脚背内侧向前推拨球，在对方向进行改变的时候，常常会对脚背内侧运球技术进行使用，同时，通常来讲，运动的过程中经常会走出"Z"字形路线。

（3）脚背正面运球技术。足球运动项目练习者在跑动的过程中，需要自然放松自己的身体，做出小些的步幅，前倾上体。当练习者提起运球脚的时候，要弯曲膝关节，提起脚后跟，稍微向下指脚尖，同时，在迈步向前的时候通过脚背正面部位对球的后中部向前推拨、足球运动项目的脚背正面运球技术的适用情况是：在快速跑动的过程中，由于前方存在较大纵深距离而必须要进行突破或者快速运球的时候。

（二）篮球运动基本技术

1.移动

（1）起动。篮球运动项目开展过程中的起动，主要是指在球场中练习者的一种动作，即从静止状态向运动状态转变，同时，起动也能够作为一种方法，促进位移初速度的获得。在篮球运动项目开展过程中，起动的动作要领在于在动作开始前降低重心，前倾上体，双手手臂的肘部弯曲，在体侧自然垂直，后脚或者异侧脚的前脚掌的蹬地动作要用力，伴随手臂快递摆动的动作进行起动。起动中比较容易出现的错误是：没有及时地移动重心，后胎的前脚掌或者是异侧脚没有做出充分地蹬地动作，存在较大的步幅。对阵篮球运动中起动常见的错误，纠正的有效方法是，蹬地时快速用力，尚未向前倾上体，突然的摆动手臂起动，最开始的两步或者散步应该快速且步幅小。

（2）跑。在篮球运动项目开展的过程中，跑作为一种脚步动作，目的在于争取时间促进攻守任务的完成。一般来讲，在篮球运动项目的比赛活动中，主要有以下几种常见形式地跑。

①变向跑。如果方向的改变是由右边向左边的时候，在最后的一步应该通过右脚的前脚掌内侧做用力蹬地的动作，同时还要稍微内扣脚尖，屈膝迅速，之后左转腰部，向左前方前倾上体；对重心进行移动，向左前方跨出左脚，之后再快速地前进。

②变速跑。在篮球运动项目开展的过程中，一种练习者跑动时通过改变速度来促进攻守任务完成的方法就是变速跑。练习者从慢跑向快跑转变的时候，前倾上体，短促有力地用前脚掌向后蹬地，同时摆动手臂要迅速，在开始的两步或者三步的时候，应该夫妇药

效，使跑的频率得到加快。当练习者从快速跑向慢速跑转变的时候，需要抬起上体，加大步幅，用过前脚掌同地面接触，使冲力得到减缓，进而使练习者跑步的速度得到降低。

③后退跑。在篮球运动项目开展的过程中，当练习者做后退跑动作的时候，需要交替地使用双脚的前脚掌蹬地且跑动向后，同时，还要挺直、放松上体，双手手臂的肘部弯曲同摆动相配合，使身体保持平衡，两只眼睛半视，对于场上的情况进行观察。

④侧身跑。在篮球运动项目中，侧身跑的关键目的在于，当练习者跑向前方的时候，朝着跑动的方向将脚尖对准，同时将头部与上体向着球所在的方向转动，以便于对场上的情况进行观察。

（3）滑步。在篮球运动项目的防守移动中使用频率比较高的一种步法就是滑步。滑步对于练习者身体平衡的保持是非常有利的，能够移动向任何一个方向。对于滑步而言，一般可以将其分成三种类别，即前滑步、后滑步、侧滑步，其中侧滑步也就是横滑步。

（4）急停急停是队员在运动中突然停止的一种脚步动作，分跳步急停和跨步急停两种。跳步急停在篮球运动项目的慢速移动与中速移动中，练习者的起跳可能会使用单脚，也可能会使用双脚，同时会稍微向后仰上体，两只脚要同时落向地面，同时，在双脚落地的时候保持两腿膝盖的弯曲状态，且双手手臂肘部弯曲向外张开，使身体保持平衡。跨步急停在篮球运动项目开展的过程中，如果快速移动的时候练习者需要急停，那么就需要跨一大步向前，后仰上体，后移重心，先着地的一定是要用脚跟，然后向全脚掌抵住地面过渡，快速的弯曲膝盖。之后就可以进行第二步了，当双脚落地以后，稍微向内转脚尖，通过脚前脚掌内侧做出蹬地动作，弯曲双腿的膝盖，使上体向侧稍微转动同时向前微倾，在双脚之间保持重心，双手手臂的肘部弯曲自然打开，使身体保持平衡。

（5）转身。转身作为一种篮球运动项目中的脚步动作，是以练习者的一只脚作为中轴的存在，同时用力地将另外一只脚蹬地，旋转身体，进而使练习者的身体方向得到改变。在转身动作完成的过程中，身体重心向中枢脚转移，将脚提起，将前脚作为中轴，用力向下碾地的同时，移动脚步使劲蹬地，随着移动脚的转动，上体也要转动。需要注意的是，身体重心不能上下起伏，其转动需要沿着一个水平面。当练习者的转身动作完成以后，使自身身体保持平衡，以促进同下一个动作之间的衔接。通常来讲，我们会将转身分成两种，即前转身与后转身。所谓的前转身，主要指的是移动脚跨步转向中枢脚前方，进而使练习者的身体方向得到改变；而所谓的后转身，主要指的是移动脚撤步转向中枢脚，进而使身体方向得到改变。

2. 传、接球

在篮球运动项目中，比较重要的基本进攻技术之一就是传、接球技术。通常或经过多次及时、准确地传、接球才能够实现一次成功的进攻，进而实现攻击时机的创造。

（1）双手胸前传球。双手胸前传球是比赛中最基本、最常用的传球方法，用这种方法传出的球快速有力，可在不同方向、不同距离中使用，而且便于和投篮、突破等动作结合运用。

（2）单手肩上传球

单手肩上传球是单手传球中一种最基本的方法。这种传球的力量大，速度快，常用于中、远距离传球。

3. 投篮

投篮是进攻队员为将球投向球篮而采用的各种专门动作的总称。

（1）原地单手肩上投篮。是现代篮球比赛中应用比较广泛的一种投篮方法。

（2）行进间单手肩上投篮。它是在比赛中切入到篮下的一种投篮方法。

（3）行进间单手低手投篮。行进间单手低手投篮是在快速跑动中超越或在空中探身超越对手后的一种投篮方法。

（4）急停跳起单手肩上投篮。急停跳起单手肩上投篮具有突然性的一种投篮方法。球的出手点高，不易被防守。

4. 运球

运球是进攻技术中重要的基本技术，是组织全队进攻配合和突破防守的手段。

5. 防守技术

防守对手是防守队员合理地运用脚步移动和手臂动作积极地抢占有利位置，阻挠和破坏对手的进攻动作，并以争夺控球权为目的的行动。要达到上述目的，防守时必须积极主动、认真负责，综合地联系脚步移动、位置站法、手臂动作、防守姿势，以及抢、打断球技术等多项内容，同时还要对其有效地使用，以促进防守任务的更好完成。

6. 抢篮板球

在篮球运动项目开展的过程中，双方攻守时的争夺焦点就是篮板球，同时，它也直接决定了攻守的转换，可以说球权获得的主要途径就是对篮板球的抢夺。在所有的篮球运动项目比赛活动中，投篮命中率与抢夺篮板球次数相比较，后者比前者更加容易影响到比赛的最终输赢，因此，在现代篮球运动中，争夺主动、获得控制球权的主要根据就是篮板球的争夺，同时展示了个人的实力与全队的实力。如果能够将进攻篮板球抢夺到，那么就获得了明显优势，能够增加进攻次数和篮下得分，并增加队员的信心。抢防守篮板球，不仅能控制球权，创造更多的快攻反击机会，而且会对进攻队员的投篮产生巨大的心理压力。教练员一般都很重视抢篮板球能力的训练和提高。

（三）排球运动基本技术

1.准备姿势和移动

排球运动项目的一项最基本的技术就是准备姿势和移动，上述的两项内容都是无球技术的展示，能够作为重要的基础与前提，促进各项有球技术的完成，例如：传球技术、发球技术、点球技术、扣球技术与拦网技术，等等，同时，还能够作为纽带，串联起各种有球技术运动。在排球运动项目中，其准备姿势同移动之间的关系是相辅相成的，准备姿势的存在目的是移动，可以说，如果想要实现快速移动，就必须要将准备姿势先做好。

（1）半蹲准备姿势。在排球运动项目中，最为基本的一种准备姿势，也是比较常见的准备姿势就是半蹲准备姿势。要求练习者两腿的膝盖微微弯曲，双脚抵地。

（2）移动。在排球运动项目中，移动的意义在于将球及时接好，同时将人和球之间的位置关系保持好，为击球动作做好准备。比较常见的有以下几种步法。

①交叉步。在排球运动项目开展的过程中，交叉步移动的基础和条件是来球同练习者的体侧存在三米左右的距离。交叉步移动具有步幅大、动作快的显著特点。如果对向右侧交叉步进行使用的时候，需要稍微向右倾上体，在右脚前面，左脚交叉迈出一步，之后右脚跨出一大步向右边，同时使身体向来球方向转动，对击球之前的姿势进行保持。

②并步与滑步。在排球运动项目开展的过程中，如果练习者身体同球之间的距离是一步左右的话，那么就能够对并步移动进行使用。当移动进行的过程中，例如，移动向前，前脚跨出一步向来球方向，后脚蹬地跟上。如果来球同练习者之间的距离较远的时候，仅仅使用并步是不能向球接近的，这时可以对快速的连续并步进行使用。连续并步也被我们称作是滑步。

2.发球

在排球运动项目开展的过程中，所谓的发球主要是指在发球区域，练习者将自己抛起来的球用一只手向对方场区直接击入的动作。作为排球运动项目的一种基本技术，发球也是一种重要的进攻性技术而被广泛地使用在排球比赛中。伴随排球运动的不断发展，也促进了其发球技术的持续创新与提高。

（1）正面下手发球。面对球网两脚前后开立，左脚在前，两膝微屈，上体稍前倾，重心偏于右脚，左手持球于腹前。发球时将球抛起在体前右侧，离手约20cm高。抛球前，右臂伸直，以肩为轴向后摆动。击球时，右脚蹬地，身体重心随着右手向前摆动击球移至前脚上，在腹前以手掌击球的后下方。手触球时，手指手腕紧张，手呈勺型。击球后，迅速进入场地。

（2）侧面下手发球。动作要领：左肩朝向球网，两脚左右开立，与肩同宽。两膝微屈，上体前倾，重心落在两脚之间，左手持球于腹前。发球时，左手把球平稳抛送于胸前，距身体约一臂远。离手约30cm高。抛球同时，右臂摆至右侧后下方，接着利用右脚蹬地向左转体的力量带动右臂向前上方摆动，在腹前用全掌击球的右下方。

（3）正面上手发飘球。动作要领：击球前的动作与正面上手发球相同，只是抛球稍低、不旋转。挥臂时由后向前做直线加速挥摆，用掌根或半握拳击球的后下部，用力要突然、短促，使作用力通过球体中心，球在飞行中不旋转而产生飘晃。击球后手臂突停、下拖、突停回收或平砍等动作，可以发出不同性能的飘球。

3. 传球

传球是排球技术之一，是利用手指手腕的弹击动作将球传至一定目标的击球动作。传球是排球运动中的重要技术，是组织进攻战术的基础。

（1）正面传球。动作要领：传球时拇指、食指和中指承担球的压力，其余手指触球两侧协助控制球。球触手的瞬间手指和手腕应保持一定的紧张程度，利用其弹力和伸臂与脚蹬地的协调力量传球。

（2）侧向传球。动作要领：身体不转动，主要靠双臂向侧方伸展的传球动作叫侧传。侧传有一定的隐蔽性。准备姿势和迎球动作与正面传球相同，击球点保持在脸前或稍偏于出球方向一侧。一侧手臂要低一些，另一侧手臂要高一些。用力时，蹬地后上体要向出球方向倾斜。双臂向传出一侧用力伸展，异侧手臂动作幅度较大，伸展较快。

（3）跳传。动作要领：跳起在空中传球叫跳传。跳传在当前的排球比赛中已被大量运用，有的优秀运动员甚至把跳传作为主要的传球方式，这是因为跳传的击球点较高，能有效地缩短传扣的时间间隔，保证快速进攻战术的实施。同时跳传还能够与两次球进攻战术联系在一起，因此具有较大的迷惑性。跳传的起跳动作无论是原地起跳还是助跑起跳，最好都要向上垂直起跳，保持好身体的平衡。当身体上升到最高点时，靠迅速伸臂以及加大指腕力量将球传出。跳传可以正传、背传和侧传，其传球手形、击球点分别与正传、背传、侧传的手形和击球点基本相同。

4.垫球

垫球是排球基本技术之一，指的是通过手臂或身体其他部位的迎击动作使来球从垫击面上反弹出去的击球动作。

5.扣球

扣球指队员跳起在空中用一只手或手臂将本方场区上空高于球网上沿的球击入对方场区的一种击球方法。扣球是排球比赛中最积极最有效的进攻手段，是得分和得发球权的主要方法，扣球的成败，是完成全队战术配合、决定胜负的关键技术。

（1）正面扣球。在排球运动中，最基本的扣球技术是正面扣球，只有掌握正面扣球的基础动作，才能学习和掌握其他难度大的扣球技术。

（2）勾手扣球。在起跳后，左肩对网，通过转体动作，带动右臂向左上方挥动击球的一种方法。这种扣球适合于远网扣球或由后排调整过来的球。它可以扩大击球范围，并能弥补起跳过早或冲在球前起跳的缺陷。

（3）单脚起跳扣球。单脚起跳扣球是指助跑的最后一步以单脚踏地，另一只脚直接向前上方摆动帮助起跳的一种扣球方法。这种扣球在现代排球中由于各种冲跳扣球的大量采用，使其有了新的发展前景。

第二节　有氧运动项目的科学化训练

一、有氧运动的基本知识

（一）有氧运动的概念

从本质上来讲，有氧运动指的是长时间开展的运动或耐力运动，能够有效地、充分地刺激练习者的心、肺，也就是练习者的血液循环系统与呼吸系统，使其心肺功能得到提高，进而保证身体的各组织器官都能够获得充分的营养供应与氧气，使得练习者最佳的身体功能状态得到维持。所以，有氧运动含义中所指的较长时间应该最好保持在超过 20 分钟，且维持在 30 分钟至 60 分钟之间，并且其运动形式应该对于练习者心肺功能的提高能够起到一定的促进作用，常见的运动形式有步行、慢跑、原地跑、骑自行车、游泳、有氧健身操,等等。而短跑、举重、静力训练或健身器械等运动,一般被称作是无氧运动。虽然它们能够使人的肌肉与爆发力得到增强,但是,之所以说无氧运动的健身效果没有有氧运动理想,主要是因为无氧运动不能够使练习者的心肺功能得到有效刺激。

(二)有氧运动的特性

在有氧运动开展的过程中,机体吸氧量同机体消耗的氧气量之间存在的关系是大致相等的关系,在运动的过程中只有这样,才能够使练习者始终处于"有氧"的状态下。同时,在时间短与强度高的情况下有一些运动也能够完成。在实际运动的过程之中练习者吸入的氧气量同其消耗的需求很难相适应,换句话说,练习者机体内部呈现出"入不敷出"的氧气状态,如果练习者长期处于这种"缺氧"的状态,从事这样的无氧运动,那么十分不利于练习者机体的健康发展。

有氧运动会消耗机体的氧气,将一种不至于上气不接下气,但是会有轻微气喘的感觉带给练习者。有氧运动会使练习者不至于大汗淋漓,但是会轻微出汗。有氧运动不会使人感觉到肢体的疲劳感,会舒展练习者的全身。一种好的有氧运动,并不是上肢或者下肢的局部运动,而是一种全身性运动。如果能够在悦耳的、有氧的音乐背景下开展有氧运动,那么对于练习者长时间的投入是有利的,能够促进更加良好锻炼效果的取得。所以,对于有氧运动的特性,作者进行了如下的总结。

1.需要较长时间开展的运动

有氧运动是一种需要较长时间开展的运动,最佳持续时间应该保持在 20 分钟至 60 分钟之间,而练习者体内的糖或脂肪等物质的氧化为运动提供了所需要的能量。

2.一种全身性的肌肉活动

对于有氧运动而言,在开展时如果练习者机体全身参加的肌肉越多,那么获得的效果就越好,最佳状态是 1/6 至 2/3 的肌肉群。反之,如果练习者开展的是小肌肉的局部性运动,那么就会导致局部疲劳非常容易发生,直接中断了运动过程,因此,想要持久开展是不可能的,同时,足够的氧气消耗量是很难达到的,更不要说促进血液系统、呼吸系统与循环系统的改善与提高了。

3.具备一定的强度

对于有氧运动而言,应该保持在某一个特定的强度范围,最好是在中等强度、低等强度之间,同时,应该保持 20 分钟或者是持续更长的时间。

4. 具有一定的律动性

对于有氧运动而言，实际上是一种肢体的律动性活动。如果运动是具备律动性的，那么就很容易对运动强度进行控制，只有这样才能够在适宜的有氧运动强度范围内，维持合适的运动强度，进而获得最佳的效果。反之，如果运动是断续性的，那么就会存在较大的强度变化，从而获得不理想的运动效果。

二、有氧运动中各个项目的科学化训练

（一）健身走

走是人们生活中最基本的运动形式之一，也是人们最早掌握的健身方法。千百年来，长久不衰，原因是它不分年龄、性别、体质强弱，不受场地器材的限制，只要坚持就能强身健体。

1. 健身走的锻炼价值

世界卫生组织在 1992 年明确指出，世界上最好的运动是步行。步行时由于下肢肌肉和机体许多肌肉得到活动，可防止肌肉萎缩。科学研究表明：坚持走步的人比一般人腿部肌肉群收缩增多。步行速度越快，时间越长，路面坡度越大则负担越重，表现为心肌加强收缩，心跳加快，心输出量增大，这对心脏是个有效的锻炼。

2. 健身走的基本技术

健身走看似简单，却蕴藏着巨大的学问。掌握健身走的基本技术，形成正确的走姿，可以有效地增强体质和健美形体。

（1）走路时头要正，目要平，躯干自然伸直，沉肩，胸腰微挺，腹微收。这种姿势有利于经络畅通，气血运行顺畅，使人体活动处于良性状态。

（2）步行时身体重心前移，臂、腿配合协调，步伐有力、自然，步幅适中，两脚落地要有节奏感。

（3）步行过程中呼吸要自然，应尽量注意腹式呼吸的技巧，即尽量做到呼气时稍用力，吸气时要自然，呼吸节奏与步伐节奏要配合协调，这样才能在步行较长距离时减少疲劳感。

（4）步行时要注意紧张与放松、用力与借力之间相互转换的技巧，即可以用力走几步，然后再借力顺势走几步，这种转换可大大提高走步的速度，并且会感到轻松，节省

体力。

（5）步行时，与地面相接触的一只脚要有一个"抓地"动作（脚趾内收），这样对脚和腿有促进微循环的作用。

（6）步行快慢要根据个人具体情况而定。研究发现，以每分钟走 80～85 米的速度连续走 30 分钟以上时，防病健身作用最明显。

3. 健身走的方式

（1）自然步法。

（2）摩腹散步法。

（3）倒行法。

（4）摆臂步行法。

（5）竞走法。

（6）爬楼健身法。

4. 健身走的要求

（1）应精神放松。

（2）注意选择适当的时间和地点。

（3）要持之以恒。

（4）速度要适中。

（5）控制好距离。

（6）运动量要适宜。

（二）健身跑

健身跑是通过跑步有效地增强身心健康的一项群众性健身活动。它虽然不那么吸引人，但确实是最简单、最有效的有氧运动。

1. 健身跑的锻炼价值

（1）可以保护心脏。跑步锻炼可以使冠状动脉保持良好的血液循环。长期练习跑步的人，冠状动脉不会因年龄增长而缩窄，保证有足够的血液供给心肌，从而可以预防各种心脏病。

（2）能够加速血液循环，调整血液分布，提高呼吸系统功能。跑步是一项全身性的健身运动，能有力地驱使静脉血液回流，减少下肢静脉和盆腔瘀血，预防静脉内血栓形成。另外，跑步时加强了呼吸力量，加大呼吸深度，有效地增加肺的通气量，对呼吸系统有良好的影响。

（3）能够增强神经系统的功能，消除脑力劳动者的疲劳，预防神经衰弱。跑步可以调整大脑皮层的兴奋与抑制，也对调整人体内部平衡、调剂情绪、振作精神有一定的作用。

（4）能够促进人体新陈代谢。控制体重，预防肥胖症跑步要消耗能量，促进机体新陈代谢，这是中老年特别是中年人减肥的极好方法。同时跑步也能改善脂质代谢，预防血内脂质过高。

2. 健身跑的基本技术

（1）跑步的姿势。跑步时姿势正确，才能跑得快而省力。其上体要正直微前倾，头与上体在一条直线上不要左右摇晃。两臂的摆动除了维护身体平衡外，还能帮助两条腿的蹬地和摆动，加快跑的速度。摆臂时两臂稍离躯干，前后自然摆动；两手自然半握拳，肘关节要适当弯曲，以肩关节为轴，尽量做到前摆不露肘，后摆不露手，并且注意不要低头、弯腰和端肩。两腿后蹬是推动身体前进的动力，后蹬时应积极有力，髋、膝、踝三关节充分伸直，腿的前摆可以加大跑的步伐，前摆时大腿放松顺惯性向前呈自然折叠。

（2）跑步的呼吸。跑步是一项消耗体力比较大的运动。在跑步过程中，要通过肺脏吸收大量氧气和排出二氧化碳。肺的换气量是否充分，呼吸动作是否正确，是疲劳出现迟早的关键。跑步时最好用鼻呼吸，在呼吸急的情况下，也可用口协助呼吸。呼吸要慢而深，有一定的节奏，一般是两步一呼两步一吸，也可以三步一呼三步一吸。随着跑的速度加快，呼吸深度应加深，节奏加快，以满足身体对氧气的需要。在进行强度较大的跑步练习时，呼吸频率增加很快，初学者往往会感到呼吸困难，要防止呼吸困难现象的出现，首先要适当安排运动强度和负荷量，要从实际出发，量力而行；其次要注意呼吸动作，调整呼吸节奏和加大呼吸深度。

3. 健身跑的方式

（1）慢速放松跑。慢速放松跑较简单，慢的程度可以根据自己体质而定，老年人或体弱者可以比走步稍快一点，呼吸以不喘大气为宜。全身肌肉放松，步伐轻快，双臂自然摆动。在跑步一开始应注意呼吸的深、长、细、缓，有节奏。运动时间一般以每天 20 ~ 30 分钟为宜，每周 5 ~ 6 次，也可隔 1 天 1 次。

（2）变速跑。变速跑就是在跑的过程中，快跑和慢跑交替进行的一种跑法，它适合体质较好的锻炼者。变速跑可根据自己的身体状况随时改变速度。如可慢速跑与快速跑交替，或中速跑与快速跑交替等。随着锻炼水平的提高，逐渐提高变速跑的速度，逐渐增大运动量，以最大限度地发挥健身跑的作用。

（3）跑走交替。此方式适合初学初练者或体弱者采用。通过十几周走跑交替的锻炼，就可以连续跑 15 分钟，几个月后就可以连续跑几公里了。在跑走交替的锻炼方式中，也可以做一些变化，如可以跑跳交替，即跑一段后跳上 3 ~ 5 次，再跑一段，再跳 3 ~ 5 次。这样可使肌肉关节在长时间墨守成规活动中得到休息，可缓解疲劳，同时锻炼弹跳力，也可增加跑步乐趣。

（4）定时跑。定时跑有两种。一种是每天必跑一定时间而不限速度的跑步。如第一阶段：适应期 10 ~ 20 周，每周 3 次，每次连续跑 15 分钟。第二阶段：适应期 6 ~ 8 周，每周 3 次，每次 30 分钟；巩固期 4 周，每周 3 ~ 5 次，每次 30 分钟。身体允许进行更大强度锻炼的年轻人，还可以每周跑 3 次，每次 45 分钟，最长可达 60 分钟。另一种是限定在一段时间内跑完一定距离的方法，开始时，可限定较长时间跑完较短距离，如在 5 分钟之内跑完 500 米。以后随着体质水平的提高可缩短时间加快跑的速度，或延长距离加快速度，以提高速度耐力素质。

（5）跑楼梯。跑楼梯是一种时尚的健身健美项目。医学论证，它既是一项增强心肺功能的全身性有氧运动，又是一项可以灵活掌握运动量、无需投资及男女老幼皆宜的锻炼方法，也是一项日常生活中去脂减肥的健身新招。跑楼梯要求腰、背、颈部和肢体不间歇地活动，肌肉有节奏地收缩和放松，可促进肺活量，加速血流，改善代谢和增强心肺功能。

（6）越野跑。凡在公路、田野、山地、森林等进行健身跑锻炼的，称之为越野跑。由于越野跑将运动和自我锻炼结合起来，所以越野跑的健身效果更佳。

第三节　专项身体素质理论及训练方法

一、专项特征基础认知

（一）专项特征定义与构成

专项特征是指一个运动项目在比赛规则的允许下，以获得最大的运动效率为目标，在力学、生物学等方面表现出的主要运动特点。

通常专项特征可以分为技战术、体能、心理和环境等方面，每一个方面又由不同的因素构成。从训练学的角度分析，竞技运动项目的特征包括三个不同的层次：一般特征、项群特征和专项特征。三个不同层次的项目特征在范围上并没有质的区别，其主要差别在于对项目特征解释和描述的程度上。

项目间的差异，并不是总能体现在所有的项目特征上，如技战术、体能及心理等，尤其是对于同一属性的运动项目来说，它们的差异可能更多地集中于某一个项目特征中。

（二）专项特征的确定

由于各运动项目的性质可以从各个不同的方面和角度去确定，而且一个项目的性质以不同的标准确定可以有多重性。但其特征的确定则要找出区别于其他项目的特别显著的标志。训练中确定运动项目特征通常有四个方面。

1. 各运动项目比赛规则规定取胜的主要因素

以竞技体操为例，中国体操界广大教练员、科研人员、运动员通过多年的探索，多数认为竞技体操项目的显著特征是"难、新、美、稳"，这是竞技体操比赛规则规定的取胜的主要因素。

2. 运动项目的主要供能系统

在体能类项目中，经常以主要供能系统确定项目的特征。例如：田径 100 米跑的主要特征是 ATP 供能，因此，训练中提高运动员的无氧代谢能力，发展速度是最为重要的。

3. 运动项目的技术结构和主要环节

任何一个运动项目的动作技术都有其特殊性，具有不同的技术结构和主要环节。动作技术的结构主要指动作是由哪些部分构成的，动作技术的主要环节是在构成动作技术的若干部分中，对完成动作、决定成绩最具影响的部分。

4. 运动项目对运动素质的特殊要求

在举重项目中，若仅仅依照运动素质的特殊要求就确定其是力量性项目，这并非十分严谨。因为，从比赛动作抓举和挺举两项来说，它需要的力量是全身协调、速度性力量，或称爆发力量，而不是单纯的最大力量，这也是该项目比赛动作技术对运动素质的特殊要求。因此准确地说，举重项目的特征，其实是全身协调的速度力量性项目。

（三）专项特征研究的发展趋势

对专项特征的认识是一个逐步深入的过程，它不仅取决于教练员自身的认识能力，而且，在相当大的程度上依赖着科学技术和研究方法的发展。新理论的出现可以为项目特征的认识开辟新的视角，新技术和新方法的问世能够促进认识程度更加地深入。当前，在专项特征的认识上出现了以下几方面的发展动向和趋势：

1. 由宏观向微观的发展

从运动训练的角度分析，任何一个运动项目的特征都有一般与专项、宏观与微观之分。宏观的项目特征是从一般或项群共性的角度把握训练的方向，微观的项目特征则是从一个专项的角度指导运动员的训练。如果错误地将一般或项群的项目特征视为本项目的专项运动特征，就不能准确地给运动项目定位，对项目的了解始终处于模糊的水平，甚至会失去训练的方向。

诚然，任何一个事物的发展都需要宏观和微观的指导。宏观的理论可以透过复杂多变的因素把握发展的方向；微观的认识可以对具体的方法和措施进行调整和操作。从竞技训练的角度分析，运动训练的整体发展或某一类项目的发展确实需要宏观理论的指导，但是，对于一个具体运动项目的训练来说，迫切需要的，是对项目的运动特征和训练规律进行微观、具体和有针对性地了解和认识，从众多细节中提取出专项的特征，只有这样才能够真正为专项的训练提供有价值的信息，促进专项运动水平的迅速提高。

专项特征绝不能只停留在宏观的认识程度，而应该深入到专项之中，从多个角度和层面解析专项的特点，提炼出能够反映专项运动本质的规律，这样才可以准确把握专项训练的脉络，提高训练效率。

2. 由外在到内在的发展

对项目特征的认识不能仅停留在专项运动的外在形式上，而必须深入到神经与肌肉的内在运动水平。运动项目的外在特征只能反映运动的结果，而造成这种结果的原因主要在于机体的运动系统和能量供应系统，肌肉在神经支配下的收缩以及在收缩过程中对能量的需求。在运动训练中，只有深入了解神经肌肉系统的工作情况，才可能选择正确和有效的训练方法，只有充分掌握运动过程中能量代谢系统的运转规律，才能够制订出符合专项特点的训练负荷。

对内在专项特征细节的了解和掌握，有助于提高运动训练的针对性和有效性。了解不同肌肉在专项运动中的参与程度和工作方式，可以帮助人们制订出有针对性的力量训练计划。掌握不同供能系统对专项运动的不同支持作用以及它们之间的关系，可以提高耐力训练的效率。对不同供能系统恢复特点的了解，能够帮助教练员把握和控制训练的负荷。

对专项内在特征的深入认识，是提高专项训练效率的重要条件。与外在运动形式不同，内在专项特征的把握是从神经—肌肉的工作方式和用力程度的层面上解决训练的专项化问题。因此，对专项内在特征的认识程度在很大程度上代表着竞技运动训练的科学化水平。

3. 由静态到动态的发展

专项运动的时间或距离是专项的一个重要特征，它从总体上反映了专项的运动特点，是运动员和教练员制订训练计划的主要依据。但是，时间和距离等指标是对专项特征的总体描述，是专项运动的结果。从运动分析的角度来看，结果并不等同于过程。结果是过程的集合和终点，过程是结果的内容和原因。结果是静止固化的，过程是动态可变的。在运动的过程中，无论是外在的速度、角度和节奏，还是内在的肌肉收缩和能量供应，都随着运动时间的持续而变化，所以，与结果相比运动过程包含的信息量更加全面，反映的问题更加深入。因此，对专项特征的理解和认识，应该更加重视运动的过程，从过程的动态变化中深入和详细地了解项目的"运动"特征。

专项特征动态描述的另一个作用，体现在对专项运动技术过程的全面了解。以往对专项技术特征的描述往往忽视了体能的存在，主要是对专项主要技术环节的运动学或动力学标准特征的分析。然而，这种标准的"最佳技术模式"并不能全面和真实地涵盖整个专项运动过程中技术的变化。对于几乎所有的运动项目来说，运动员都不可能始终以同样的技术动作完成比赛，随着运动员体力的消耗，运动技术必然发生改变，这种改变在很大程度上反映了专项能力的水平。

从整体上来看，负荷时间和强度是各个竞技运动项目都具有的共性，在比赛距离或时间相对固定的情况下，取胜的关键主要集中在速度和速度的保持能力上。在这个过程中，运动员的身体机能势必影响到专项技术的发挥，体能与技术之间的相互影响和作用始终贯穿于整个专项比赛的过程之中，技术与体能的这一互动关系在很大程度上同样应归属于专项技术特征的范畴。

二、体能与专项能力

（一）体能

体能是运动员竞技能力的重要组成部分，也是运动技能表现的必要条件。科学合理的体能训练，能够提高运动员的竞技能力和改善运动员的身体形态，使之更加适应专项运动和技术的需要，从而达到提高运动水平的效果。同时，对提高运动员预防伤病的能力和恢复能力也有积极意义。毫无疑问，体能训练越来越得到各级运动队教练员的高度重视。体能训练研究也成为目前国内体育科研的热点研究领域，成为众多运动训练学专家所关注的焦点。

1. 体能相关概念辨析

目前，经常见到一些和体能相似的词汇，比如：体适能、体力、运动能力、体质、运动素质等。其实，这些词汇的概念与体能概念有很大的不同，如果不清楚它们之间的区别，就无法对相关的理论问题进行深入的研究。

（1）体能与体力的区别。体力，是人体活动时所付出的力量。一般理解为机体整体的抗疲劳能力，它是体能的重要组成部分之一。体力是与耐力有密切联系的概念，但它又不能完全等同于耐力。人们经常谈到的体力，一般是指身体整体的耐力。体能与体力的主要区别在于，体能不仅内涵上与体力有所不同，它指的是运动员运动能力与对环境适应能力的结合体，而且外延要大于体力，体力涉及的身体抗疲劳能力仅是其适应运动需要的一个方面的能力。

（2）体能和运动能力的区别。运动能力是身体在运动中表现的活动能力，包括一般活动能力和竞技运动能力。体能与运动能力的区别，主要表现在概念的层次关系上，体能是运动能力的上位概念，也就是说，体能包括运动能力，它比运动能力涉及的内容要多，体能还包括运动员对比赛环境的适应能力。

（3）体能与体质的区别。体质是指人体的健康水平和对外界的适应能力，是在遗传性和获得性基础上表现出来的人体形态结构、生理功能和心理因素的综合的、相对稳定的特征。体能是体质的下位概念，即体质包含体能，是体质的一个主要方面，是体质的前提和基础，是体质在一定范围的延伸。体能侧重于运动员的运动能力和运动适应能力，是有机体各器官、系统的机能在肌肉活动中的反映，是人体机能在动态中表现出来的特质。在评价方式方面，体质好坏，用一个精确的"标准"是不可能完成的，而体能是生理机能的外在表现，是身体物质做功的能力，体能水平的高低可以有速度、力量、耐力、灵敏度等身体素质等计量指标。在运用方面，体能主要应用于运动训练研究实践中，而体质则侧重应用于遗传和医学等方面。

（4）体能与运动素质的区别。运动素质是体能的外在表现，是体能的构成因素之一，属体能的下位概念，也是运动实践中评价和检查体能水平的常用指标。体能与运动素质既有联系，又有区别。运动素质是指运动员具备的力量、耐力、柔韧性等。体能概念涵盖的内容更广，既有运动素质，又有运动员对比赛环境的适应能力。所以，专项训练中，体能训练是从整体、全局的角度，运用各种有效的训练手段和方法提高运动员的专项运动能力和对比赛环境的适应能力，使运动员的身体形态、机能水平和运动素质在同一个体中实现最优配置，达到提高竞技能力的目的。而运动素质训练主要偏重于速度、力量、耐力、柔韧性等能力的提高。

2. 体能特点

至今，体能训练已成为各个运动项目竞技能力训练的主要内容，但由于教练员对体能本质特征的认识存在差异，因而，体能训练效果也不尽相同，所以，揭示体能训练特点很有必要。归纳起来为特异性、时间局限性和不均衡性。

（1）体能的特异性。体能的特异性，又称为其专项性。从不同运动项目中挑选相同年龄阶段的运动员进行最大吸氧量和最大氧债值实验室测定，所得数据较为一致，但若再用专项负荷进行测验就可发现，其结果与实验室资料比较差异很大，说明体能存在着特异性，即专项性的特点。体能的获得是通过采用专项特有的手段训练的结果，即使用非专项的手段来获得，也必须符合该项目的要求。其生物学机制在于适应过程的专项特异性，这是现代竞技运动中保证运动技术水平的一个特征。适应性反应的专项特异性不仅表现于身体素质和植物性神经系统能力的发挥方面，而且表现于心理因素的发挥方面，特别是在完成紧张肌肉活动，又必须用意志来加强工作能力这一方面。

（2）体能的时间局限性。某一种体能水平只能保持相应的时间，这就是体能的时间局限性。体能的产生过程既是运动员有机体的适应过程，任何适应过程都存在着两种适应性反应：一是急性但不稳定的，二是长久的相对稳定的。急性适应性反应产生的体能，取决于刺激的大小、训练水平及其机能系统的恢复能力。由专项强化训练所获得的体能虽然目的很明确，但并不表示有极大的稳定性。因为这种适应性反应是通过高强度的专项负荷产生的，是以超量恢复为其表现特征的，并不建立在各种器官和系统的、变异的基础上，即生物学的形态改造上。这就导致体能存在着时间局限性。虽然相对稳定的适应性反应是建立在各器官、系统的形态改变基础上，但是各运动专项的特点是随着专项成绩水平的提高而变化的。即使在某一时期已形成较为稳定的体能，但随着专项特点的改变，原有的体能将不再能满足未来专项特点的需要，因此也表现出时间局限性。

（3）体能的不均衡性。体能的不均衡性表现为已获得的体能不可能在较长时间的工作过程中维持同一水平。这是因为，任何肌肉活动都是依靠有机体的能量供应系统的工作保证的。能量供应系统存在着无氧系统和有氧系统。无氧与有氧系统工作时，机制迥异，运动员的器官系统也不相同。虽然这一工作过程发生在同一机体上，但相互之间有着一定的独立性。在维持较长时间的工作时，虽然有着主导供能系统支撑工作，但还是要依靠互相的交替和补充。这时，各供能系统之间存在着"衔接"的问题。由于每个供能系统的发展并不完全一致，并不整齐划一，因此必然会产生总能量供给的波动状态。

3. 影响体能发展水平的主要因素

体能发展水平的高低，受运动素质、形态结构、机能水平、心理品质和适应能等多种因素的影响。

（1）形态结构对体能的影响。人体的形态结构影响体能发展水平的高低。通过发展肌肉的力量练习，肌肉的横断面增大了，肌肉的重量体积增加，运动员的体重增加了，形体发生了变化，在投掷运动中，增加了运动员动作过程中的动量。在动作速度、动作技术等基本不变的条件下，人体动量的增加，器械出手时的速度就增加，从而器械就能飞行更长的距离。足球、篮球等项目中运动员肌肉体重的增加，就增加了在同等动作速度条件下的动量，提高了在短兵相接时的对抗能力，包括合理冲撞能力。关节、韧带包括形体等形态结构通过训练发生了有利于支撑能力的变化和提高，就能直接提高支撑能力，如举重运动员肩关节、肘关节通过训练在额状面和矢状面内发生了能够充分伸直的变化，就能减少直臂支撑杠铃时的水平分力，增加向上支撑杠铃时的垂直分力，提高运动员支撑杠铃时的力量。同样的道理，运动员的"O"型或"X"型腿通过训练有所改变，也能提高人体由下蹲状态向上起立时的负重能力。通过训练运动员心脏的心室或心房的肌肉出现运动性增厚，肺脏呼吸肌增加，等等，这些形态结构的变化，导致心脏每搏血液输出量增加，尤其是承担最大运动负荷时，心脏血液最大输出量增加，这就直接有利于人体承受最大运动负荷时氧气和营养物质的供应、代谢物质的还原和消除等机能能力的提高，从而有利于体能的提高。

（2）人体的机能能力对体能的影响。人体的机能能力包括承担负荷量的能力、承担负荷强度的能力、承担总负荷的能力、恢复能力、免疫能力、可塑性、体能动员发挥能力等，这些能力的大小直接影响体能的大小。承担负荷量、强度、总负荷能力的高低是衡量和评定体能高低的主要指标和标准，其中任何一项能力指标的上升或下降都是体能提高或下降的标志，其中任何一项指标提高了，即标志着体能相应提高了。恢复能力，尤其是以大强度为主的大负荷训练后的恢复能力是近代运动训练中越来越重视的主要训练指标之一，提高恢复能力是最重要的研究课题之一。这是因为恢复能力大小或高低直接决定体能能力、竞技能力提高的幅度、速度及最终达到的高度。大负荷刺激后，身体产生不适应反应，恢复能力强的运动员产生新的训练适应的能力就强，可塑性就大，包括体能在内的各项竞技能力因素提高就快。适应能力、免疫能力也是对体能的高低起决定性影响的因素之一。该能力的稳定提高对体能的提高和发挥都起着保证和促进作用。对训练负荷、训练比赛等体内外环境适应性差的，对流行疾病免疫力低的运动员体能的稳定性必然差，训练的系统性必然缺乏必要的保证。体能的发挥能力也是体能的重要组成部分之一。体能水平基本相同的两名运动员，谁的动员发挥能力强，谁就能获胜，这也是比赛中最普遍的现象。

（3）心理能力、技能等竞技能力因素对体能的影响。在运动训练和比赛中，运动员的体能不但与形态结构、机能能力、运动素质等因素或与这些因素的潜力直接相关，而且与能否把这些可能性和潜力充分协调组合、充分发挥表现出来的心理能力、技能，甚至是战术能力等竞技能力的组成因素的能力大小密切相关。在各个运动项目中，尤其是在体能类运动项目中，经常能见到一些运动能力，甚至形态结构较好的运动员，由于承受心理压力和抗外部干扰素力较低，或动作技术不尽合理，不够稳定巩固，造成体能能力或其潜力得不到应有的发挥，运动成绩往往还不如一些体能能力及其潜力与自己基本相同、基本相近，甚至稍低而心理素质和技术水平发挥较好的对手。

（4）比赛环境对体能的影响。体能就身体本身而言，具有贮备性和潜在性。如主观不情愿或客观受限制，则体能不能得以展现和发挥。其一，主观能动性如何。主观上可以调控自身能力释放的总强度，因此思维指令是决定体育发挥的关键因素；其二，神经中枢的兴奋状态怎样。精神振奋与萎靡不振势必有截然相反的体能表现；其三，意志品质等心理特征怎样。体能的施展是一种体力的耗费，在许多情况下是一种艰难甚至是痛苦的生理过程，其中意志品质的作用是相当重要的；其四，对变化的外界环境的适应能力如何。外界环境的变化势必引起机体的应答反应。体内的这些变化，就会连锁的影响体能的发挥，适应能力强机体调节快，则能应答自如，宛若平常。综上所述，一定的体能水平或潜力，必须具有相应的心理能力和技能等做保证才能相应或充分地发挥出来，才能构成竞技能力中的体能优势，才有实际意义。因此，在位能训练中，不但要切实抓好体能三大组成部分的训练提高，而且还要认真抓好心理能力、技能水平的改善和提高。

（5）形态结构、机能能力和运动素质的相互关系。形态结构制约机能能力的发展和提高，机能能力制约运动素质的发展和提高。因此体能训练内容和训练安排，不仅要最终落实到运动素质的发展和提高上，还要相应兼顾形态结构、机能能力的提高和发展，这样才能使体能训练收到事半功倍的效果。例如：肌肉的肌腹长，肌短而粗壮，去脂体重大，肌肉的放松紧张能力强等。肌肉的形态结构条件好，这就预示着肌肉的收缩能力强，发展潜力大；机能能力的发展提高快，潜力大；力量、速度等运动素质发展潜力大，最终体能提高快、水平高。形态结构制约机能能力，机能能力制约运动素质的发展，形态结构、机能能力等体能因素水平的高低必须通过运动素质的高低表现出来才有实际意义，才能促进体能，进而促进竞技能力的提高。在运动实践中，一些运动员的形态结构、机能能力均不错，而运动素质水平相对不高，导致体能上不去，或水平不高，最终导致竞技能力和运动成绩的水平受到限制。而有些运动员的形态结构或机能能力并非很好，而运动素质却能上得去，表现出很高的体能水平和竞技能力。

（二）专项能力

专项能力与运动员专项运动紧密相关，它是能直接促进专项成绩提高的一种特殊能力。对运动员而言，其竞技能力的充分发挥，主要依靠对运动成绩具有决定性作用的专项能力的强化训练，挖掘其体能和技术的潜力，这样才能有效促进运动成绩的快速提高。专项能力训练的目的是根据运动员现有条件，将个人身体素质转化为专项竞技所需的能力。不但练习内容要依运动员训练水平、技术状况、训练时期、年龄及生理、心理特点而定，而且其动作时机、速度、顺序、路线、幅度及身体姿势等时间和空间特征也应尽量接近于比赛技术动作，或尽可能满足专项竞技和比赛的需要。因此，专项能力训练是将运动员身体机能和身体素质转化为专项实战能力的重要桥梁，在实践中往往是取得高水平运动成绩进一步突破的关键环节。

1. 专项能力的定义

一个未受过竞技运动专业系统训练的人也许同样具备很好的肌肉力量，但是他在任何一个运动项目的比赛中都不可能达到高水平，其原因就在于他拥有的力量不是专项所需的力量，专项能力达不到专项运动员的水平。

专项能力指运动员在特定专项领域所具备的竞技能力，是提高专项训练水平和专项运动成绩所具备的最直接的竞技能力。专项能力主要包括专项运动素质、专项运动技术、专项战术意识和战术能力、专项心理品质及专项运动智能。专项能力的高低直接决定着专项训练水平和专项运动成绩的好坏，专项能力的提高必须通过长期系统的训练才能实现。

2. 专项能力的训练

在各个项目的训练过程中，都必须处理好专项能力与一般能力的发展关系，合理安排好两种能力训练的内容和训练时间的比重。在多年训练过程中，随着训练水平的提高，专项能力的训练应逐渐占主导地位。

（1）强化"专项"在训练中的核心位置。在运动员多年训练过程中，一般能力和专项能力的发展在比例上并不是等同和不变的，而是随着年龄和专项成绩的提高不断地发生变化。一般来说，在基础和初级训练阶段，一般能力的训练占有重要位置，而随着年龄和运动成绩的提高，专项能力的训练比例逐渐增加，直至在进入高水平训练阶段后成为训练的核心。在过去的训练过程中，人们过于强调训练的"多样化原则"，在运动员进入高水平训练阶段后仍然采用大量分解和局部的训练手段和负荷发展运动员的专项能力。在这一训练思想的指导下，恰恰忽视了专项本身作为一种专项训练手段对专项能力发展的作用，没有认识到完整的专项练习是集机体各种不同能力于一身，从生理、心理到技战术等多方面对机体构成最全面和最适宜刺激的训练手段，从而致使以突出整体和综合性为主要特征的专项能力得不到有效的发展。

（2）进行接近完整技术和完整技术的分项练习。完整和高强度专项练习的训练，体力与神经能量消耗大、恢复慢，训练中反复次数不能多，课次也不能密集，在整个训练过程中所占比例要恰当。所以在训练中还应采用接近完整技术和完整技术的分项练习。在将专项作为发展训练能力的重要手段的同时，还必须注意到训练的负荷，尤其是强度。强调完整的专项训练并不意味着盲目增加训练的强度，过高的训练强度并不能解决专项训练水平问题，甚至还可能妨碍专项能力的发展。运动员在长期大且低强度的训练中很难获得突出的、接近比赛强度的刺激。

（3）提高训练强度。传统的周期训练理论曾对运动训练产生过较大的影响，但已不能完全适用于现代高水平竞技体育研究。在旧的训练模式的指导下，一些教练员片面地理解训练"量"与"质"的关系，机械地认为数量的堆积是获得训练质量的前提，简单地将由训练量引起的机体疲劳作为衡量训练效果的指标。这种以"量"为主构成的训练，即使是运用了非常"专项化"的训练手段，也不可能提高训练的"强度"。运动成绩的提高，取决于多方面的因素，其中训练质量对训练的效果起着至关重要的作用，而训练的质量取决于训练的强度、完成专项技术和练习动作的正确性及练习的密度和数量等。训练目标不明确、重点不突出、针对性不强的低强度训练，运动员的专项能力也就难以提高。运动训练实践已经证明，随着运动员竞技水平的提高，机体各器官、系统的功能及它们之间的协作不仅达到了相当高的水平，而且日趋逼近生理机能的极限。运动员进入高水平训练阶段的一个主要特征为竞技能力的"可塑空间"逐渐减小，专项成绩的提高速度日趋缓慢，它导致运动员对训练手段和负荷的要求显著增强。在这种情况下，低强度大负荷训练不利于专项水平的提高，有一定强度要求的训练才能有助于运动员保持稳定状态，在比赛中发挥水平。

三、专项身体素质训练方法

（一）专项力量

1. 专项力量概念的界定

（1）不同项目对力量的不同要求。在对"专项力量"进行界定时，必须弄清不同项目对力量的不同要求，通过分析几个典型项目的用力特点后发现，这些要求主要体现在七个方面：第一，在不同的运动项目中，由于专项动作用力时刻的起始速度要求不同，最终将导致不同专项运动员的力量产生差异；第二，由于不同的项目对肌肉用力地持续时间要求不同，导致对运动员的肌纤维成分、用力时的供能系统，以及最大力量和快速力量的要求不同；第三，在肌肉用力地目的相似时，用力收缩方式稍有不同，会对力的效果产生重大的影响；第四，在动作结构相似的条件下，如果用力方向的要求不同，对运动员的用力要求也是不同的；第五，即使在动作结构相似的条件下，如果克服的恒定外界阻力不同，对肌肉力量的要求也会不同；第六，不同的项目，产生反作用力的物质材料的性能不同，对肌肉用力地要求不同；第七，即使动作的结构相近，但由于不同项目的战术要求不同，会造成肌肉力量特点的不同。总之，不同项目运动员的力量特点，主要是由该运动员比赛动作的技术和战术在时间和空间上对肌肉用力地要求来决定的。

（2）对专项力量的认识。对"专项力量"较为准确的解释是，在运动员比赛动作技术和战术所要求的时空条件下，参与运动的肌肉或肌群收缩克服阻力的能力。由于这种肌肉的能力最终表现为运动员在该项目的比赛中，为了获得比赛的优胜，在符合规则的条件下，对人的整体或某一部分或器械进行最大限度地加速或减速，或使它们保持在一个特定的位置上，因此运动员所克服的阻力，以及运动员或其控制的器械的速度大小或速度变化大小，以及位移大小和姿势的准确与否，都可用来考察运动员在专项力量上的水平。另外，技术是一种理想的"模式"，反映的是规律，具有共性，但又必须考虑运动员个人的特点，具有个性。同时技术具有相对性，它随实践的发展而发展，始终处于一个动态的过程中。在理解战术要求时，要特别注意，由于要贯彻战术意图，运动员的心理定向将导致对比赛动作要求的影响。

2.专项力量训练机理

专项力量是指在运动员比赛动作技术和战术所要求的时空条件下，人体参与运动的肌肉或肌群收缩克服阻力的能力。专项力量训练的目的就是通过专门的肌肉力量训练使运动员相关的神经肌肉系统引起专项化的适应和提高。

神经肌肉系统可以通过神经和肌肉两条途径来适应训练。根据训练计划的特征，发展肌肉力量时，爆发力将会因去适应其他力量的特征而导致下降。比如：用完成很慢的大负荷抗阻力练习来提高运动员的最大力量时，就可能导致肌肉快速力量和快速收缩力的下降。因此，首先要确定目标运动的专项化神经肌肉特征，再去安排用以提高专项力量的各种抗阻力练习。

神经肌肉系统引起的适应，以及由此在运动中产生的提高，与所运用的抗阻力练习类型密切相关。这种训练的专项性涉及练习的各个特征。它们包括：练习所动用的肌群、动作的结构、关节运动的范围、肌肉收缩的类型与速度。力量训练的专项适应性要求必须确定目标活动的专项需求。对专项需求的完整分析应该包括：参与工作的肌群、收缩类型、动作速度、"拉长—缩短周期"运动的要求、克服或移动的负荷、动作的持续时间、保持高能量输出方面的要求、能够提供的间歇周期和受伤的可能性等方面。

3.专项力量训练

（1）体能主导类快速力量性项群。体能主导类快速力量性项群包括跳跃、投掷和举重项目。快速力量的训练在本项群训练中有着特别突出的地位。跳跃项目中快速起跳能力的培养，投掷项目中器械出手速度的训练，举重项目迅速发力上挺能力的训练，都在本项群训练中日益引起高度重视。

（2）体能主导类速度性项群。体能主导类速度性项群包括短跑、短距离游泳等项目。例如：100米跑、200米跑、50米自由泳、100米自由泳与100米跨栏等。

短跑运动员专项力量训练。该项目的力量是一种动力性力量，根据用力的性质，动力性力量又可分为重量性力量和速度性力量。短跑运动中的肌肉活动，既表现为重量性力量又表现为速度性力量，只不过在短跑运动中，肌肉的收缩速度更明显、更重要。因此，把短跑运动员的用力称之为速度性力量。短跑运动员的力量训练必须和技术相结合，才能使力量训练达到最佳的效果，因为力量训练的最终目的是为了学习技术、提高运动成绩而服务的。可是怎样使二者结合起来呢？简言之，围绕着技术结构的特点进行力量训练。例如：先进的短跑技术要求落地时小腿和踝关节要做积极后扒动作。假若小腿和踝关节的力量差，就不容易做出此动作。为此，在训练中就要加强对小腿和踝关节的力量训练。

（二）专项速度

区别于一般速度的专项速度，按不同的表现形式，可分为专项反应速度、专项动作速度及专项位移速度。运动员在大多数运动项目中所表现出来的专项速度，都是这三种表现形式的综合体现，但在不同项目中，专项速度的三种类型各自占的比重有所不同，通常不会单独出现，而是在不同的专项中，表现出各自不同的需求。

运动员专项速度的发展水平对其总体竞技能力的高低有着重要影响。竞技技术动作大多要求快速完成，良好的专项速度有助于运动员更好地掌握合理而有效的运动技巧，肌肉快速地收缩能够产生更大的力量，高度发展的专项速度又为速度耐力、专项耐力的发展提供了更大的空间。在不同的运动项目中，专项速度有着重要的作用。对体能主导类速度型的竞技项目，专项速度水平直接决定着运动成绩的好坏。对耐力性项目，高度发展的专项速度有助于运动员以更高的平均速度通过全程。对技能主导类项目，时间上的优势可以转化为空间上的优势，使体操、跳水等项目选手有更大的可能完成难度更高的复杂技巧，使球类及格斗项目选手获得更多得分的机会。

依据项群理论，以运动项目所需运动能力的主导因素为基准，对竞技项目首先分为体能主导类、技能主导类、技心能主导类、技战能主导类四大类。继而以各项体能或技能的主要表现形式或特征作为二级分类标准，把体能主导类项目分为快速力量性、速度性及耐力性三个亚类；把技能主导类项目分为表现难美性；技心能主导类为表现准确性；技战能主导类则分成同场对抗性、隔网对抗性、格斗对抗性及轮换攻防对抗性四个亚类。发展不同类项群专项速度的要求是不同的。

（三）专项耐力

1.专项耐力的概念

"耐力"的定义是人体在尽可能长的时间内进行肌肉活动的能力。耐力是人体抵抗疲劳并持续活动的能力。

专项耐力概念虽然已被提出很多年，但是直到现在仍未对此概念的内涵和外延达成一个统一的共识，例如：在《体育科学词典》中，把专项耐力的概念定义为运动员长时间持续地或多次地重复地完成专项运动的能力。

2.专项耐力的训练机理

影响耐力素质的因素有多种，这里主要讨论生物学、心理学和遗传学的影响因素，主要从外周性限力因素、中枢性限力因素、心理限力因素以及遗传限力因素四个方面对耐力成绩的影响因素进行研究。

（1）外周限力因素。与中枢限力因素相对应，把心肺功能、内环境的稳定性、肌纤维的类型以及肌肉的横断面积统称为外周限力因素。根据物质转运理论，引入"转运系数"的概念来描述物质从一处运往另一处的能力。物质运输中某一环节的转运系数等于该环节中运输阻力的倒数。能量的供应、内环境的稳态、肌纤维类型及肌肉的横断面积都是影响耐力成绩的决定性因素。从项群的特点角度出发，外周限力因素对于体能类项群的影响占有较大比重，例如：体能类项群中的中长跑项目，拥有强大的心肺功能和良好的内环境调节机制是获得优秀运动成绩的基本保障。

（2）中枢限力因素。神经系统的专项性特征决定运动单位参与数量与类型，而神经发放冲动的强度和发放模式决定了肌肉力量大小、递增率和持续时间。各中枢间兴奋和抑制的协调，使肌肉活动节律化、能量消耗节省化及吸氧量和需要量相对平衡化，从而能长时间保持运动。战能类项群和技能类项群中的运动项目需要大强度的神经发放冲动和高频率的兴奋与抑制的相互转换，中枢限力因素对于此类项目影响较大一些，同时中枢机制的耐酸性对于无氧运动项目同样非常重要，而对于一些射击类项目又需要神经的高度集中。

（3）心理限力因素。影响成绩的除了身体的、技术的因素之外，心理限力因素也起到决定性的作用，然而，心理训练往往没有被放在重要的位置上，这是目前运动训练过程中的一大缺憾。在高水平运动员的角逐中，最后决定胜负的关键因素往往是心理因素，所以心理训练应引起教练的高度重视。在长期艰苦的耐力训练过程中，个体的心理特征是运动员通过自觉的努力获得最佳身体训练效果的主要决定因素。坚强的意志品质还会促使运动员在面对肉体痛苦和精神挫折时，竭尽全力地拼搏。

（4）遗传限力因素。从人类遗传学上看，耐力性项目的运动成绩与其他运动项目的成绩一样，是复杂的多因素的集合。研究发现，人的生理、心理以及神经等的特性受遗传的影响较大，遗传因素在很大程度上决定着运动员的发展方向与发展潜能的大小，例如：白肌纤维含量多的运动员适合于快速运动的项目，而红肌纤维多或血红蛋白含量高的运动员则适合于耐力性运动项目。

3. 专项耐力训练

体能主导类快速力量性项群。此类项目对于专项耐力的要求主要表现为以最大强度重复完成完整比赛动作的能力。例如：田赛项目、举重等。训练方法主要为重复训练法。这是以多次重复完成比赛动作或接近比赛要求的专项练习为主的训练方法。例如：在举重项目中，可以规定某一运动负荷，然后让运动员在此负荷下以标准动作尽可能多地重复完成，直至力竭。跳高耐力训练中，要求运动员在某一高度持续地、完整地完成跳跃练习。

参考文献

[1] 马顺江. 互联网＋教育背景下高校体育教学创新思路研究 [M]. 沈阳：辽宁大学出版社，2021.

[2] 马鹏涛. 高校体育教学改革创新与科学化训练研究 [M]. 北京：新华出版社，2018.03.

[3] 杨乃彤，王毅. 高校体育教学创新及运动教育模式应用研究 [M]. 北京：九州出版社，2019.12.

[4] 李慧. 高校体育教学改革与科学化训练研究 [M]. 沈阳：辽宁大学出版社，2021.

[5] 刘伟. 高校体育教育创新理念与实践教学研究 [M]. 北京：九州出版社，2019.

[6] 孙丽萍. 新时代高校体育教学理论探索与实务研究 [M]. 长春：吉林大学出版社，2022.

[7] 邱天. 高校体育创新思维的教学与实践 [M]. 厦门：厦门大学出版社，2020.

[8] 沈建敏. 体育教学创新与运动训练研究 [M]. 北京：新华出版社，2018.

[9] 夏越. 现代高校体育教学研究 [M]. 北京：北京理工大学出版社，2019.

[10] 张京杭. 高体育教学方法实践探索 [M]. 北京：现代出版社，2019.

[11] 刘景堂. 高校体育教学改革研究 [M]. 北京：中国纺织出版社，2019.

[12] 温正义. 高校体育教学与大学生体育实践能力培养研究 [M]. 北京：北京工业大学出版社，2021.

[13] 谢宾，王新光，时春梅. 高校体育教学与运动训练研究 [M]. 长春：吉林人民出版社，2021.

[14] 常德庆，姜书慧，张磊. 高校体育教学与运动训练研究 [M]. 长春：吉林出版集团股份有限公司，2020.

[15] 张建梅. 高校体育教学与大学生体能训练 [M]. 长春：吉林科学技术出版社，2020.